初めての児童福祉

櫻井慶一 著

学文社

まえがき

　前世紀，長い間の多くの人の児童福祉に対する理解は，一部の特定の児童や家庭を対象とした「特別な保護」というものであった。そのため時には児童福祉サービスの利用者は，社会からは「かわいそうな子ども」，「恵まれない家庭」という同情の目で見られることもあり，人間の権利として誰もがもつ自己実現（well-being）を保障することという本来の意味の福祉理念の浸透は今世紀に持ち越されてしまった。人間に値する生活が生涯確保され，どの人もその人なりに充実した生きがいが保障されることを求める社会福祉の基本理念は，政治や経済，文化，教育などのあらゆる活動を行う上での大前提とされなければならないものである。

　今世紀になり，2003年度の合計特殊出生率も1.29を記録し，わが国は本格的な人口減少社会に突入した。経済規模の拡大もあまり望めなくなってきた今日，成熟した豊かな社会にむけての地域での子育て支援をどのようにするかは国民の大きな関心事となっている。今日，児童福祉に求められているものは，一部の子どもを対象とした「保護的福祉」からすべての子どもと家庭を対象とする「支援的福祉」への拡大，子育てに対する社会的支援の強化，地域を基盤とした総合的・計画的なネットワークづくりなどである。

　実践科学でもある児童福祉を教科書だけで理解することは本来不可能なことであるが，限られた時間のなかでの学習を考慮して，本書は児童福祉の現状と基本概念の理解を目的に，実践にも役立つことを願っ

てできるだけ簡潔に重要と思われる部分についてのみ執筆した。大学，短期大学，専門学校などで初めて児童福祉を学ぶ学生を主な読者対象としているが，さらに多くの人に利用していただけたら幸いである。

　末筆となったが，本書は筆者の著になる『初めての社会福祉』（学文社）の姉妹書でもある。本書の刊行にあたり学文社社長の田中千津子氏には多くのご助言，ご配慮をいただいた。記して心よりお礼申しあげたい。

2005年3月

著　者

目　次

第一部　児童福祉の基本概念

第1章　児童福祉の理念とその役割……………………………2
　第1節　児童福祉の理念…………………………………………2
　　(1)　児童の概念と児童福祉の定義……………………………2
　　(2)　児童福祉と家庭の役割……………………………………5
　第2節　児童福祉の役割…………………………………………7
　　(1)　児童福祉の機能とその仕事の特徴………………………7
　　(2)　児童福祉とソーシャルワーカー…………………………8

第2章　児童福祉の歴史…………………………………………10
　第1節　児童福祉の成立と発展…………………………………10
　　(1)　イギリスにおける児童福祉の歩み………………………10
　　(2)　わが国の児童福祉の歩み…………………………………15
　第2節　世界の子どもたちの現状と子どもの権利条約………20
　　(1)　世界の子どもたちの現状…………………………………20
　　(2)　子どもの権利条約（児童の権利に関する条約）の成立…26
　　(3)　子どもの権利条約の意義と児童福祉……………………28

第3章　児童福祉のサービス体系………………………………31
　第1節　児童福祉サービスの類型とその利用…………………31

(1) 児童福祉サービスの類型……………………………31
　　　(2) 児童福祉の専門機関………………………………34
　第2節　児童福祉施設とその利用………………………………41
　　　(1) 児童福祉施設の区分と利用児童数………………………41
　　　(2) 施設サービスの利用体系と費用負担……………………43
　　　(3) 児童福祉施設最低基準とサービスの質の確保…………47

第4章　児童福祉の専門職員と援助技術……………………………50
　第1節　児童福祉の専門職員とその要件………………………50
　　　(1) 児童福祉施設と専門機関の主な職員……………………50
　　　(2) 児童福祉施設職員の要件…………………………………51
　第2節　児童福祉の専門援助技術………………………………53
　　　(1) 施設養護の基本と専門援助技術体系……………………53
　　　(2) ケースワークとグループワーク…………………………55

第二部　児童福祉の今日的課題

第5章　地域における子育て支援……………………………………62
　第1節　地域における子育て支援の必要性とその広がり……62
　　　(1) 地域における子育て支援の必要性と内容………………62
　　　(2) 保育所や児童館での地域子育て支援……………………66
　第2節　子育てサークル活動と次世代育成支援対策行動計画……70
　　　(1) 子育てサークル活動………………………………………70
　　　(2) 「次世代育成支援対策行動計画」と
　　　　　　　　地域における子育て支援………74

第6章　働く女性の増大と保育サービス……………………78
第1節　保育所制度の概要と役割の歴史的変化……………78
(1) 保育所制度の概要………………………………………78
(2) 保育所の歴史と近年における役割期待の変化…………81
第2節　保育サービスの拡大と少子化対策…………………84
(1) 女性労働の推移と待機児童問題………………………84
(2) 「次世代育成支援対策行動計画」
　　　　　　　　　と保育サービスの多様化………86
第3節　保育所サービスの改革課題…………………………90
(1) 規制緩和とサービス提供主体の多様化………………90
(2) 保育サービスの質の確保と第三者評価事業…………92

第7章　児童虐待問題と福祉課題……………………………94
第1節　児童虐待の概念と推移………………………………94
(1) 児童虐待の概念と児童虐待防止法の成立……………94
(2) わが国での児童虐待件数の推移と内容………………97
第2節　児童虐待問題への福祉対応…………………………99
(1) 児童相談所での対応と課題……………………………99
(2) 児童養護施設などでの対応と課題……………………103
(3) 里親制度の現状と課題…………………………………105

第8章　児童福祉と教育問題・ひとり親家庭問題……………109
第1節　児童福祉と障害児教育………………………………109
(1) 障害児教育の現状と児童福祉…………………………109
(2) 障害児施設と教育問題…………………………………111
第2節　いじめ，不登校，非行児童の問題と児童福祉………113

(1)　いじめ問題と児童福祉 ………………………………113
　　(2)　不登校児童の問題と児童福祉 ………………………116
　　(3)　非行児童の問題と児童福祉 …………………………119
　第3節　ひとり親家庭と児童福祉 ……………………………123
　　(1)　ひとり親家庭の動向と特徴 …………………………123
　　(2)　母子家庭と児童福祉問題 ……………………………124

参考資料 …………………………………………………………127
　(1)　少子化社会対策大綱（抜粋）…………………………128
　(2)　子どもの権利条約（児童の権利に関する条約）（抜粋）…132

初出一覧 …………………………………………………………144

索　引 ……………………………………………………………145

第一部　児童福祉の基本概念

第1章

児童福祉の理念とその役割

第1節　児童福祉の理念

(1) 児童の概念と児童福祉の定義

　児童福祉（child well-being）は社会福祉の一分野であり，基本的人権の保障と自己実現を目的とした社会福祉の諸原則が適用されるものである。したがって，その定義は，「すべての児童がもつと考えられる基本的人権の法的，社会的な保障」と簡単にまとめることができる。近年ではその成育基盤としての家庭の役割の強化と親子のきずなの強化を目的に，児童（子ども）家庭福祉（child welfare and family services）とまとめて表現することも一般化している。

　しかし，児童福祉の主体である"児童（子ども）とは何か"という問いに対しては，児童と大人との区別は精神的にも肉体的にも明確なものではなく，法律的にも「児童」の年齢区分は，「児童福祉法」では満18歳に満たない者であるのに対し，「母子及び寡婦福祉法」では20歳に満たない者をいうなど一様ではない。国際的にも，児童の基本的人権を定めた国連の「子どもの権利条約（＝児童の権利に関する条約）」（1989年）では18歳未満のすべての者をいうとされているが，一方で，各国の法律でその例外も認めている。

　冒頭で述べたように児童のもつ基本的人権には，一人の権利主体として大人の場合と同様に，生命権や自由権，そして生存権などが保障

されなければならないことは当然であるが，一方で児童にはまたそれ以外の児童固有の権利が認められなければならない。児童に固有の権利としては，児童が人格の形成期にあるという特性から，大きくは次の2点のものがある。

その第一は「成長・発達の権利」とされるものである。児童が成育に適切な安心，安全な環境を与えられ，遊びもふくめた幅広い「学習の権利」が保障されることは，児童期が人間形成の基礎期としてとり返しのできない時期であることからも当然のこととされなければならないことである。

第二は，成長・発達のための基礎となる「家庭による養育を受ける権利」である。児童の成育にとって家庭が必要なのは，成長発達期においては，親またはそれに代わる大人によるアタッチメント（情緒的きずな，愛着）がその後の人間としての成長に不可欠だからであり，数人程度という家族の人数規模が児童の成長環境として最適だからである。そのために児童福祉の課題としては，家庭的な養育環境が不十分な児童にはそれに代わる里親や施設養護などの保障が必要となってくる。

しかし，第2章でみるように，生命権，生存権，発達権などの児童の基本的人権といわれるものが国際的に確立されてくるのはようやく20世紀に入ってからであり，今日でも発展途上国の児童の現状をみればまだ十分なものではないことは明らかである。

わが国の児童福祉の問題としても，図表1－1のように近年の少子化の進行により家族人数も減り，地域にもいっしょに遊ぶ仲間がいないなど，家庭や地域で自然なままに放っておいても子どもが健全に育つ基盤は急速に失われつつある。少子化と「豊かな社会」を背景に，近年のわが国では児童に対する家庭での虐待，学校での児童間のいじ

め，不登校（引きこもり），非行，自殺，少年犯罪などの児童問題が噴出している。

近年のわが国では，家族規模の縮小や核家族化，児童を除く家族全員が外で就労していることなどにより，家庭の子育て機能そのものが急速に弱体化している。また，都市化や住宅の集合化などにともない，地域から孤立したなかでの密室育児をする家庭の増加も懸念されている。わが国の子育てをめぐる状況は，児童の養育は家庭の私的責任として任せきりにしたり，従来からの地縁的・血縁的な相互扶助機能にゆだねているだけでは対処できない段階になっている。

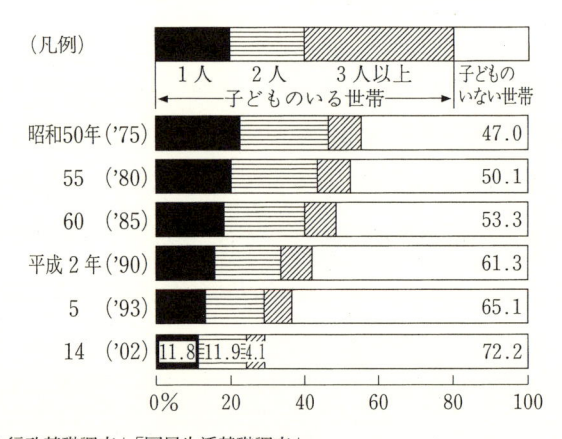

図表1-1 子どものいる世帯割合の推移

（凡例）	1人	2人	3人以上	子どものいない世帯
昭和50年（'75）				47.0
55（'80）				50.1
60（'85）				53.3
平成2年（'90）				61.3
5（'93）				65.1
14（'02）	11.8	11.9	4.1	72.2

資料）「厚生行政基礎調査」「国民生活基礎調査」
出所）『社会保障入門』（平成16年版），中央法規出版，p.22

わが国おける家庭（家族）の変容については，2003年度に1.29にまで低下した合計特殊出生率の推移が注目されているが，近年では離婚率の増加も問題になっている。図表1－2にみるように，出生率の低さ，離婚率の高さが他の先進諸国と共通した大きな家族問題の背景となっている。

介護や育児に関して，その責任を家庭にだけ全面的におわすのでは

図表1-2　人口動態総覧（率）の国際比較

国名	婚姻率	離婚率	乳児死亡率（出生千対）	合計特殊出生率
	（人口千対）			
日本	'03) 5.9	'03) 2.25	'03) 3.0	'03) 1.29
アメリカ	'02) 7.8	'02) 4.0	'01) 6.9	'02) 2.01
フランス	'01) 5.1	'00) 1.9	'99) 4.8	'01) 1.90
ドイツ	'01) 4.7	'00) 2.4	'99) 4.5	'01) 1.42
イタリア	'01) 4.5	'00) 0.7	'99) 5.2	'00) 1.24
スウェーデン	'01) 4.0	'01) 2.4	'99) 3.4	'01) 1.57
イギリス	'00) 5.1	'00) 2.6	'99) 5.6	'01) 1.63

資料：（1）日本は，人口動態統計月報年計（概数）の概況
　　　（2）アメリカは，NCHS, National Vital Statistics Reports
　　　（3）ヨーロッパの各国は，Council of Europe, Recent demographic developments in Europe 2002
出所）厚生労働省「人口動態調査」2004年6月から作成

なく地域での意図的，社会的な支援システムをつくることが児童福祉の課題とされなければならないのである。

(2) 児童福祉と家庭の役割

　児童の自然な成育環境としての家庭の機能と児童の発達にとって家庭の役割はどういう意味があるのかを整理しておこう。

　家庭機能（役割）に求められるものは，国家や，民族，文化や宗教，自然環境等々により，また時代の変化により異なるものである。わが国でも，戦前の「イエ」制度の影響を強く受けていた時代と，現在の少子・高齢化の時代ではその役割は大きく異なっている。

　現代のわが国の多くをしめる，夫婦とその子からだけで構成される核家族の機能（役割）は，今日では次第にさらに単純化されつつある。アメリカの社会学者のT.パーソンズによれば，最終的に残るその機能は，家族成員のパーソナリティー・情緒の安定と子どもの社会化（socialization）の2点であるとされている。ここでいわれている社会

化とは,「子どもがその所属する社会の生活様式,行動様式を学習し,その社会の正規の成員にしたてられていく過程」と一般に理解されている。簡単にいえば,子どもが教育を受けて,その国や社会で恥ずかしくない一員に成長していく過程を意味するものと考えてよいであろう。この社会化の一部が,乳幼児期に親が子に意図的に基本的生活習慣や行動の善悪を教えるいわゆる「しつけ」である。子どもにとって家庭の意味は,まず第一にこの社会化過程にあることはいうまでもない。

児童にとって家庭の果たす第二の役割は,いうまでもなく児童の生活(生存)そのものを保障することである。ほとんど無力で生まれてくる子どもにとって,家庭は文字通り生存保障のすべての鍵であり,その庇護がなければ一日たりとも生きていくことは不可能なことである。

しかし,児童の生活基盤としての家庭の弱体化や崩壊が,現在さまざまな国家や社会生活の諸場面で問題にされている。不幸にして家庭が与えられなかった児童に対しては,それに代わる家庭や家庭的養育の場が保障されなければならない。そのことは第2章でとりあげている国際連合の「子どもの権利条約」のなかでも最も重要な子どもの権利としてくりかえし条文に出てくるところである。

ところで,わが国では長い間,親のその子どもに対する教育権,身上監護権,懲戒権,居所指定権などの民法の第4章で定められている「親権」が絶対視される傾向が強かった。たしかに親権は子育ての自然権として尊重されなければならないものであるが,その権利は本来子どもの福祉を実現するために保護者に付与されていると考えられるべきものである。親の子に対する「絶対的扶養義務」が扶養関係として強調されることが,逆に親の子への無制限な権利行使を容認するも

のであってはならず、第7章でも述べるように、虐待などの場合にはその権利が制限されたり、親権の喪失もありえるものと考えたい。

第2節　児童福祉の役割

(1) 児童福祉の機能とその仕事の特徴

児童福祉の定義を「すべての児童がもつと考えられる基本的人権の法的,社会的な保障」とまとめてみると、その機能（役割）については、図表1―3のように大きくまとめることができる。児童福祉の仕事は保育士などの児童福祉施設職員の労働を考えればわかるように、サービス利用者の人格（生活）を支える役割を果たすだけでなく、直接的にその人格の成長・発達を促すものである。児童福祉はこの2つの大きな機能を、児童と家族の自立助長、自己実現（well-being）への援助として、利用者自身の自己決定を尊重し、エンパワーメント（生きる力）を強めるかたちで統一的に行うところに大きな意義と特徴があるものである。そのことが比較的単純に「生活を支える」側面に限定されがちな社会保障機能や、「人格を育てる」側面に限定されがちな教育機能などと大きく異なる点である。

図表1－3　児童福祉の基本的役割（機能）

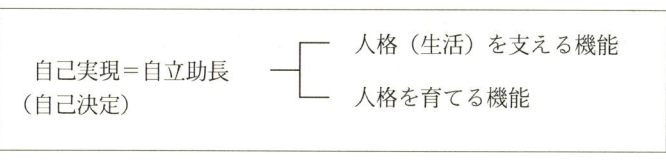

```
自己実現＝自立助長  ┬─ 人格（生活）を支える機能
（自己決定）        └─ 人格を育てる機能
```

こうした児童福祉の基本的機能は、その仕事にたずさわる者の役割を考えた時に大きな意味を与える。児童福祉の仕事の特徴は、利用者の権利保障にかかわって、その利用機会の保障も重要であるが、さら

により重要なことは，その内容としてどのような質のものが与えられるかということである。いわばサービスの入り口までの問題ではなく，出口までの全体としてサービスの実施過程がどのようなものであったかとしてその権利の内実が考えられなければならないことを意味している。児童福祉サービスは，利用対象が発達途上にある児童であるという特性においてもそうであるが，子どもへのかかわり方やその内容に細心の注意が必要となるという特徴を有している。

(2) 児童福祉とソーシャルワーカー

社会福祉を職業として行うものを一般にソーシャルワーカー（social welfare worker）とよんでいる。ソーシャルワーカーとは，生活上のなんらかの困難を抱える個人または家族などに対して，社会的（制度的）な間接援助や個別的な直接援助などを行う専門職とみなされているものである。児童福祉は本書の冒頭で述べたように社会福祉の一分野であり，その仕事内容も生活や発達課題に結びついたものであるので，その職員はソーシャルワーカーの一員とみなされる。

ソーシャルワーカーの仕事が何を目的や理念とすべきかを明らかにしているものは，2000年7月にカナダで開かれた国際ソーシャルワーカー連盟（I. F.）の国際会議で承認された次の定義である。

「ソーシャルワーク専門職は，福祉の増進を目指して，社会改革を進め，人間関係における問題解決を図り，人びとのエンパワーメントと解放を促していく。ソーシャルワークは，人間の行動と社会システムに関する理論を用いて，人びとがその環境と相互に作用する接点に介入する。人権と社会正義の原理は，ソーシャルワークのよって立つ基盤である。」（日本ソーシャルワーカー協会会長，仲村優一仮訳）

ここでは，ソーシャルワーカーの役割は社会変革と個人のエンパワーメントを高めることであり，環境と個人の間に介入し環境への適応を

個人にうながすことがその具体的な仕事内容であるとされている。そのために、ソーシャルワーカーの基本原理とすべきことは「人権と社会正義」とされている。この定義は筆者が先に述べた児童福祉の仕事は、個人の自立助長（自己実現）をはかることへの援助であるということと同じ意味をさらに積極的に述べていることであり、別のわかりやすい言葉でいうならば、ソーシャルワーカーとは積極的に「福祉社会」、「民主主義国家」の実現を目指す人ということである。

　しかし、今日の国際社会をみると人権が守られず、社会正義からも程遠い国々は数多い。わが国もそれは例外ではない。児童福祉サービスに仕事として携わる者には、自分の生活するこの社会を誰にとってもさらにより暮らしやすいものに変えていくという大きな目標と責任があることを理解しておきたい。

第2章

児童福祉の歴史

第1節　児童福祉の成立と発展

(1) イギリスにおける児童福祉の歩み

《古代，中世の慈善・救済活動》

　社会全体の生産力のきわめて低い古代奴隷制社会における生活困窮者に対する救済施策がどのようなものであったかは，あまり明らかではない。ポリス（都市国家）内部でのそれは，血縁，地縁による相互救済がほとんどすべてであり，原始キリスト教などによる宗教的慈善活動が例外的に行われていた社会であったと思われる。

　古代ギリシアなどでは，生まれた時に，長老が立ち会い子どもの体を調べ，身体に障害があって生まれた子どもなどは，捨てられたり殺されたりすることが広く行われていたようである。生産力の低い社会にあって，障害のある子どもを社会全体で扶養する余裕はなかったからである。

　中世に入り，荘園を基盤とする封建的農奴制社会が成立すると，農民の「生存」は，荘園内での苛酷な労務の代償として荘園領主によって一応認められるようになった。また，自給自足的な村落共同体としての相互扶助活動も活発化した。しかし，そこからはじきだされた者は，処罰を覚悟して乞食，浮浪者となるしかなく，当時，教会が各地に設けていた収容施設（アームズハウス）で救助をうけられた者は幸

運であった。中世にあって教会は確立された布教組織をもち，教区民からは収入の十分の一税をとり，慈善活動（カリタス）を，神に対する愛の証として重視していたのである。

中世末期になり，商品経済が発達するにつれ，商工業者によるギルドが経済利益組織のワクを超えて，ギルド内の成員，家族に対し相互扶助機能を発揮する場合も増加した。

14世紀なかばからのペストの流行，15世紀からの農民を土地から追い出す「囲いこみ運動」などの進展により農民の失業，浮浪化がすすみ，大きな社会不安を引き起こした。絶対王政はこれを厳しく取り締まったが，あまり実効は上がらなかった。封建社会解体期には，キリスト教慈善も宗教改革の影響をうけてむしろ衰退していった。

《救貧法の成立と発展》

16世紀に入り，増大した乞食や浮浪者は，各地で大きな暴動を引き起こすまでになった。そのため貧民を取り締まる必要にせまられたヘンリーⅧ世は，1531年乞食取締令を発し，乞食を労働不能な者と可能な者に分け，前者に対しては乞食許可証を発行し，後者に対しては鞭打ちの刑などを科し出身地に強制送還するなどを行った。これは，貧民を救済するのではなく，犯罪者視し，治安対象と考え抑圧していくという救貧法（poor low）の先駆けとなるものであった。

1601年，エリザベスⅠ世により「エリザベス救貧法」（旧救貧法：The Old Poor low）が制定され，世界で最初の国家的救貧制度が形成された。エリザベス救貧制度は貧民を，①労働可能なもの，②労働不能なもの，③身寄りのない児童，に分け，労働可能なものには材料や道具をあたえて労働させ，不能者は救貧院に収容して生活扶助を行い，児童は親方に預けられ働くかわりに食べさせてもらうという徒弟奉公にだすという内容であった。

図表 2 − 1　イギリスの社会福祉の歩み

年次	事項
1601年	エリザベス救貧法
1602年	居住地法（定住促進）
1697年	労役場設置
1722年	ワークハウス・テスト法（労役場テスト法）
1782年	ギルバート法（院外救助）
1795年	スピーナムランド制（低賃金補助）
1802年	工場法制定
1816年	ロバート・オーウェン，人格形成学院の創設
1834年	新救貧法の制定（改正救貧法）
1869年	ロンドン慈善組織協会設立
1870年	初等教育法
1884年	トインビーホール創立
1886年	C．ブース，ロンドン民衆の生活と労働に関する調査を開始
1905年	救貧法調査のための王命委員会
1908年	老齢年金法制定
1909年	最低賃金法，職業紹介所法の制定
1911年	国民保険法制定
1920年	失業保険法制定
1942年	ベバリッジ報告「ゆりかごから墓場まで」

　救貧制度はその後，図表2―1のように幾多の改正をみたが，その基本的性格は，貧民を労働力としては重視するものの，危険視，また惰民視し，これを管理，とりしまるべき対象と考えていたことはその後300年近くにわたりあまり変わらなかった。

　産業革命が18世紀後半から進展するなかで，経済における自由放任主義は，救貧法にも大きな影響をあたえた。とりわけ，T．H．マルサスの『人口論』は，救貧法による貧民救済は結局惰民を増やすだけだと強い批判を行うものであった。その結果，1834年，救貧法は「救貧を受ける者の状態がいかなる場合でも独立して働いている最下層の労働者よりも快適であってはならない」とする劣等処遇の原則にもとづき全面的に改正された。改正救貧法は，ギルバート法以来の救

貧院の外での救助を否定し，国家による救済をできうる限り小さくしようとするものであった。救済の責任は折から力をつけてきた労働者階級の相互援助活動と自助努力にゆだねられたのである。

一方，19世紀に入り，労働者階級による社会主義運動や，社会改良運動が活発化するなかで，慈善運動にも大きな変化が生じた。各地の無秩序，無組織な慈善活動を反省して，計画的，組織的活動をめざし，トーマス・チャルマーズらによって慈善組織協会がロンドンにつくられ，やがてそれはイギリス全土やアメリカにも伝わり，COS運動（Charity Organization Society）として定着していった。

19世紀後半にはB. S. ラウントリーやC. ブースらの貧困調査によって，労働者階級の貧困の原因が，個人の怠惰のゆえではなく，失業や低賃金，過労による病気といった資本主義制度の構造的欠陥に起因するものであることが，統計科学的に明らかにされた。

多くの学生や教員たちがスラム街に住込んで，その地域住民や児童の教化，地域改善に従事するセツルメント活動がさかんに行われるようになったのもこの頃からのことである。T. J. バーナードのように個人で施設を経営するものも増加した。

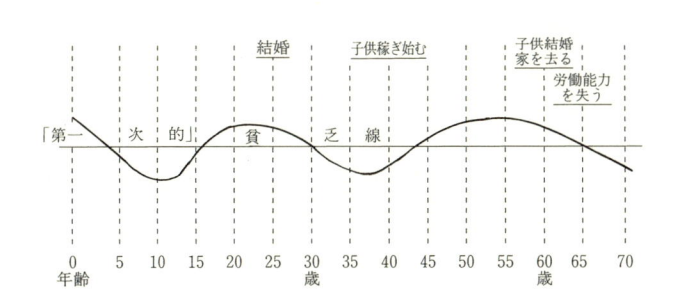

図表2－2　労働者のライフサイクルと貧困線

出所）B.S. ラウントリー著（長沼弘毅訳）『最低生活研究』高山書院，1941年，p.165

《現代社会福祉事業の成立と発展》

　20世紀に入り，選挙権を獲得した労働者階級は，政党による合法的活動によって社会改良的施策を実現していった。1908年には無拠出老齢年金法，1909年には最低賃金法，1911年には，健康保険や失業保険を内容とする国民保険法を成立させ，長い間つづいた劣等処遇の原則に終止符を打った。それは，救貧法の時代に終わりをつげ，「夜警国家」から「福祉国家」への転換を意味するものでもあった。

　しかし，1920年代末のアメリカに端を発した世界大恐慌の嵐は，社会保険を破綻させ，イギリス国民に大きな不安をあたえ，包括的な社会保障の必要性を強く感じさせることになった。また同時に，社会保障の充実は，間もなく始まる第二次世界大戦に国民を総動員するためにも必要な措置であった。

　1942年，W. H. ベバリッジを長とする「ベバリッジ報告」が「ゆりかごから墓場まで」を理念に提出された。それは均一拠出，均一給付の原則の下で，国民の最低生活を権利として保障しようとする「ナショナルミニマム」の概念を有するものであった。そこには，社会が解決すべき課題として「5つの巨人」（貧困，疾病，不潔，失業，無知）があげられていた。イギリスはそれらに対処するための諸法を1948年頃までに相次いで成立させ，福祉国家づくりのスタートをきったのである。

　第二次世界大戦後，西側諸国では社会主義への選択に代えて，質の高い「福祉国家」づくりを国家政策としその充実を図ってきた。1968年には対人福祉サービスとコミュニティ・ケアを重視する「シーボーム報告」が出され，ノーマライゼーションの理念のもとで，施設の小規模化と解体がすすめられている。特定の人，とりわけ児童を家庭から排除しない福祉社会づくりが今日の大きな課題となっている。

(2) わが国の児童福祉の歩み

《古代・中世の慈善・救済事業》

　古代，中世の，まだ一般に生産力の低い社会においては，親族による相互救済と，地縁関係による相互扶助が救済活動のほとんどすべてであったのは，わが国でもイギリスの場合と同様である。古代の律令国家による救済保護事業は，養老戸令に身寄りのない老人や病人，孤児を対象に賑恤(しんじゅつ)の規定がなされているが，それがどのような規模で，また本当になされたのかは不明である。

　593年，聖徳太子によって設立されたと伝えられる四天王寺四箇院の活動が，わが国最古の救済事業の例としてよく知られているが，古代，中世で宗教を背景にした慈善救済活動が，国家に代わってさかんに行われたことは，西欧の場合と同様である。わが国の場合のそれは，仏教慈善家とよばれる人々によってであり，僧行基や空海，重源，叡尊，忍性，親鸞などのように，歴史上著名な仏教家は，慈善活動家としてもよく知られている。

　中世，室町時代，戦国時代の北条泰時，武田信玄，上杉謙信らの封建領主たちの，それぞれの所領内における農民の民生安定策には今日的にも評価すべきものがあるが，それも一代限りの個人的治績で終わるものであった。また，この頃，フランシスコ・ザビエル，ルイ・アルメーダといったキリスト教宣教師たちによって，病院や孤児施設などが各地に建設されていることも忘れてはならない。

　江戸時代，農民の相互監視と貢納負担を目的としてつくられた五人組制度は，隣保相扶(りんぽそうふ)（相互扶助）の組織としても大きな力を発揮した。徳川光圀，保科正之，池田光政，上杉治憲，松平定信といった各地のいわゆる「名君」による慈恵的救済策にも，封建性維持のためとい

う範囲ではあったが，地域の実態に応じた特色ある救済策がみられる。

近世までの社会にあって，農民の「保護」が年貢を上納させるための手段ではあっても，目的ではなかったことはいうまでもない。

《近代社会事業の成立と発展》

明治維新以降，わが国は急速に近代資本主義国家への道を歩むことになった。没落士族や貧困農民に対する救済は，従前からの親族相扶や隣保相扶にまかせられ，国家はひたすら「富国強兵」策に力をそそいだ。近代国家としての体面からわずかに制定したのは，1874（明治7）年の「恤救規則」であった。同規則は全文5カ条の簡単なものであるが，救済は「人民相互ノ情誼」（人々の間での思いやり，助け合い）を原則とし，その対象は「無告ノ窮民」（身寄りのない者で，自力では全く生活できない者，孤児など）に限定した，きわめて慈恵的性格の濃いものであった。しかし，この規則はわが国における最初の保護規定として，また，それが明治期，大正期を通じての唯一の保護立法であったことからきわめて大きな意義を有するものである。

明治政府の貧民観は，貧困の理由を個人の怠惰に起因するものと考え，公費でこれを救済することは惰民を養成することにつながるとするものであった。保護救済活動は，民間のいわゆる慈善事業家といわれる人々にまかせ，政府は社会治安上の必要があった感化院（1900年）などを設置するにとどめた。

明治期の民間慈善事業家のおもな人には，石井十次（岡山孤児院），山室軍平（軍人遺家族援護），野口幽香（貧民幼稚園），石井亮一（知的障害児施設　滝乃川学園），留岡幸助（感化事業北海道家庭学校），赤沢鍾美・ナカ夫妻（子守学校）らがいる。

1918（大正7）年の米騒動は，戦前わが国における最大の大衆運動であった。生活に疲れきっている国民をおさえるのに軍隊などの力だ

けをもって対応することに限界を感じた政府は，1920年，内務省内に社会局を設置し，職業紹介，授産事業，失業者救済事業などの防貧的な経済保護事業にも乗りださざるをえなかった。図表2－3のように託児所などの建設が全国各地で急増し，社会事業という呼び名が一般化するのもこの頃からのことである。

　昭和期に入り，アメリカに端を発した世界大恐慌は，日本経済にも壊滅的打撃をあたえた。欠食児童や娘の身売り，母子心中が相次ぎ，それらの救済にはもはや明治以来の恤救規則では対処できないことが誰の目にも明らかとなった。そのため新たな保護法の制定が，方面委員（現在の民生委員の前身）を中心に国民運動として展開された。その結果，1932（昭和7）年ようやく「救護法」は施行されることになり，明治7年以来の恤救規則体制に終止符がうたれた。しかし，救護法は扶養義務者の扶養を絶対的に優先し，貧困理由によっては救済を認めず，また，救護対象者には選挙権などの公民権を停止するなどの内容をもった，権利としての生活保障には程遠いものであった。

図表2－3　大正時代以降，社会事業施設数推移

種別＼年次	大正6年	昭和2年	昭和5年
児童保護施設	366	1,027	1,387
経済保護施設	131	1,277	1,659
失業保護施設	37	304	399
医療保護施設	163	408	538
救護施設	159	438	564
隣保事業	5	59	115
その他	55	187	381
計	916	3,700	5,043

出所）内務省『本邦社会事業概要』1933年，p.4

しかも，それもあまり実効がなく，まもなく社会事業は，戦時体制下の「人的資源」の育成を図る厚生事業へとくらがえし，「健民健兵」づくりに奉仕していくことになるのである。

《戦後社会福祉事業の成立と発展》

第二次世界大戦の敗戦後，厚生事業は占領軍（GHQ）の指令下におかれ，その全面的改編がなされた。GHQ は 1946（昭和 21）年，敗戦後の生活困窮に対処するため，国家責任にもとづく救済の 4 原則の覚え書を発表した。それは，①困窮者の保護は無差別平等に行う，②公私社会事業の分離，③国家責任による国民生活の最低保障，④必要な保護費の無制限支出を内容としていた。

こうした国家責任にもとづく，国民の権利としての生存権保障の考え方は，1946 年に制定された日本国憲法第 25 条に「社会福祉」という語句とともに初めて明記され，その具体的保障のために生活保護法が制定されたのである。また，1947 年から 49 年にかけ，子どもたちへの戦争に対する反省と戦災孤児や戦争による傷病者救済の必要から，児童福祉法，身体障害者福祉法などが相次いで制定された。1947 年に制定され，1948 年 4 月から全面施行された児童福祉法は，第 1 章の総則からはじまり第 6 章，罰則までで構成されるものである。同法はその後 50 年余を経た今日でも，児童福祉サービスの根幹の法律である。

児童福祉法の今日的な大きな意義は 3 点ある。その第一は第二次世界大戦の反省に踏まえて，その対象となる児童を戦前のような特別な保護を要する児童に限定せず，全ての児童の福祉の増進を目的としたことである。具体的には，保育対策や母子保健対策，児童館や児童遊園などの施策がそれである。

第二には，児童福祉施設の入所やサービスの実施にあたり施設運営

費の公的な支給責任を国に義務付けたことである。これにより戦前までの慈恵的な児童保護事業を脱し，国民には権利としての児童福祉サービスが供給されることになった。

　第三には施設などの施設設備や職員配置基準などを国の責任で「児童福祉施設最低基準」として定めたことである。「最低基準」は第3章でくわしくふれるが，その水準は国民生活水準の向上を考えると今日に至るまで必ずしも満足できるものではないが，全国の全ての施設にナショナルミニマムとしてその水準が示されたことの意義は大きかった。

　児童福祉法は，戦後初期においては戦争孤児対策や貧困児童対策，学校教育の完全実施などが大きな課題であった。しかし，その後働く女性の増加に伴い，70年代からは保育対策の充実が，さらに，90年代以降では広く児童健全育成の視点からの少子化対策や児童虐待対策が大きな課題となってきている。

《現代の児童福祉へ》

　児童福祉に関する法整備はその後も一貫して続いている。とりわけ重要なものでは，1961年には，児童の立場からみると生別母子家庭が死別母子家庭にたいして経済的に不公平であるという批判に応えるかたちで「児童扶養手当法」が成立し，1966年には障害の重い児童を養育している家庭の福祉を増進するために「特別児童扶養手当法」が，さらには1971年には三人以上の子どもがいる多子家庭を対象に「児童手当法」が成立した，いわゆる児童手当三法がある。

　しかし，その後の70年代，80年代，90年代前半まではわが国では高齢者福祉対策が重視され，児童福祉は長い「停滞」の時代になり，少子化が進展することとなった。1985年の「男女雇用機会均等法」や1992年の「育児休業法」も家庭の「働き方の見直し」の視点から

は十分な効果をあげることができなかった。

バブル経済が崩壊し，不況が深刻化した90年代前半からは外に仕事を求める女性が急増し，それまでのわが国における家庭の構造は大きく変化した。子育てを支える基盤環境の悪化は，児童虐待の増加という傾向になって現れており，その歯止めをねらい2000年には「児童虐待防止法」が施行され，2001年には「配偶者暴力防止・被害者保護法」（いわゆるDV防止法）が制定されたが，今日に至るまで虐待は減少傾向に転じていない。

1989年の1.57ショックへの対応として少子化対策が国家施策として登場し，1994年からは「エンゼルプラン」が実施され，その具体化策として「緊急保育対策等5か年事業」による保育所サービスの拡大がはかられた。さらに，2000年からは「新エンゼルプラン」が実施されたが，少子化には歯止めがかからない状況は続いている。そのため児童育成の家庭環境の総合的な基盤整備のために，2003年7月に「次世代育成支援対策推進法」および「少子化社会対策基本法」が制定され，12月には「子ども・子育て応援プラン」が出され，総合的な少子化対策，次世代育成対策がようやく2005年度から実行に移されている。その内容については，第5章，第6章でふれるが，急速な少子化の進展に対し，戦後の児童福祉の大きな構造転換が求められているのが現在の状況である。

第2節　世界の子どもたちの現状と子どもの権利条約

(1) 世界の子どもたちの現状

1998年版のユニセフ『世界子供白書』によれば，図表2—4のように，世界の人口は約60億人強に上っている。このうち16歳未満の

図表2-4　先進工業国と発展途上国の子どもの成育環境の比較

	先進工業国	発展途上国	後発発展途上国
総人口（100万人）	839	4,578	595
16歳未満の人口（100万人）	191	1,827	299
5歳未満の人口（100万人）	51	540	97
人口の年間増加率（1965-80，％）	0.8	2.3	2.6
人口の年間増加率（1980-96，％）	0.6	2.0	2.5
年間出生数（1000人）	10,056	118,889	23,695
合計特殊出生率（1960）	2.8	6.0	6.6
合計特殊出生率（1980）	1.8	4.4	6.5
合計特殊出生率（1996）	1.7	3.2	5.3
5歳未満児の年間死亡数（1000人）	70	11,546	4,041
5歳未満児死亡率（1960，‰）	37	216	280
5歳未満児死亡率（1996，‰）	7	97	171
乳児死亡率（1960，‰）	31	137	171
乳児死亡率（1996，‰）	6	66	109
1人当たりのGNP（米ドル）	25,926	1,101	220
インフレ率（％）	3	141	30
絶対的貧困水準以下の人口の比率（都市，％）		27	55
絶対的貧困水準以下の人口の比率（農村，％）		31	70
出生時の平均余命（年）	77	62	51
成人の総識字率（％）	98	71	48
小学校総就学率（％）	104	99	69
小学校第5学年在学率（％）	99	75	58
安全な飲料水を入手できる人の比率（全国，％）		70	54
中・重度の発育障害児の比率（％）		37	47

注）先進工業国：日本など30ヵ国，発展途上国：タイなど100ヵ国，後発発展途上国：ネパールなど35ヵ国
出所）ユニセフ編『世界子供白書』1998年

児童人口は約23億人と全体の38％を占めており，これらの児童の人口のうち90％以上が発展途上国および後発発展途上国に暮らす子どもたちである。世界人口の約5分の1の10億人が絶対的貧困下におかれ，基本的人権の確保それ自体すらままならない状況にあるのが今日の世界である。

　図表2－4からもうかがえるように，経済水準，栄養，健康・保健，教育指標などさまざまな面で，それらの国々と先進工業国との格差はきわめて大きい。世界の児童の大部分が「発展途上国」に暮らす現状では，世界の児童福祉の最大の課題は，まず第一に子どもの生存権の保障それ自体であることに異論はなかろう。しかし，貧困の根は深く，その原因の多くは単純な地理的，自然的条件によるものだけでなく，政治的，社会的なものも含めた相互関連の結果と考えられる複雑なものである。

　上記の『世界子供白書』では，貧困の原因を，貧困（Poverty）と人口増加（Population growth）と環境（Environment）のそれぞれの頭文字をとって，PPE問題とし，そこからくる悪循環として説明している。その悪循環が政治的，社会的不安定さを生み，難民問題や国内の諸紛争の背景になり，加えて，逆にまたそれがさらに次の貧困の一因になっていると分析している。一国の対応で対処できる問題ではなく，国際的な経済援助や国際福祉の構築がもとめられている。

　こうした絶対的貧困は子どもの生存権そのものを脅かし，その影響は児童福祉の多方面な課題として表れる。その一例が児童労働の問題である。ILO（国際労働機関）138号条約は15歳未満の児童労働を世界的に禁止しているが，今日，「世界には1億人とも1億5千万人ともいわれる児童が生活のために労働しており，それらの子どもの中には親の債務のために児童売春や幼児労働を強いられたり，奴隷状態

で働かされている例も数多い。」という現状がユニセフの『世界子供白書』で指摘されている。

路上で物売りや物乞いによって生計を立てながら暮らす，いわゆるストリートチルドレンの問題は，ユニセフの推計では「アジアや南米などの発展途上国の大都市を中心に，現在3,000万人を越える児童がそうした状況にある」とされている。

児童労働や児童酷使（虐待）の問題は，その国の絶対的貧困が大きな背景となっているが，それに加えて宗教，民族，風習，文化，性差別などが複雑にからまっており，その解決は容易でない。地道な国際的協力（援助）が必要とされるのである。

さらにまた，児童をとりまく国際的な大きな問題として，戦争や内紛などの問題がある。戦争は，児童を取り巻くPPEの悪循環を一層促進させ，児童の成育環境を壊滅的に破壊してしまうものである。さらに，一般的に発展途上国では，貧困による政治的混乱を時の権力者が力で押さえ付けようとするために軍事費負担が大きくなる傾向がある。それが国民の生活を圧迫し，そのことがまた，政治的不安を増大させる悪循環に陥ってしまうのである。

戦争や紛争はさらに，多数の死傷者だけでなく，その戦闘や経済的混乱から逃れようとする多数の難民を生み出してしまう。1996年版ユネスコ『世界子供白書』では，戦争や飢餓のために国境を越えて流れだした世界の難民数は，5,300万人近くに達しているとされている。これらの難民の大半は，子どもたちと戦闘能力のない女性と高齢者たちである。

難民キャンプでは食料や医薬品，日常生活用品，学用品，さらには学校や保育施設など多様な物資や設備が緊急に必要とされるだけでなく，戦闘下で親と生き別れたり，目の前で親が殺されたりなどして心

に深い傷を負う難民児童には心理的な援助も不可欠である。難民キャンプでは子どもたちに対してのカウンセラーや保育者，教師など多面的な人的支援も必要である。

さらに今日的な児童福祉の新たな国際的課題では，エイズ（ヒト免疫不全ウイルス，略してHIV）や薬物汚染の問題が深刻である。エイズは1981年にアメリカで最初に発見されていらい，開発途上国を中心に，とりわけアフリカや南アジアなどを中心に感染児童は拡大し続けている。

図表2—5はアフリカ13ヵ国とタイ，ブラジル，ハイチでのエイズがある場合とない場合の5歳未満児死亡数の比較である。これらの確実に推測できる資料のある国に限定しても，エイズでの2010年までの死亡数は現在よりも85万人も増えることが予測されている。これらの子どもたちは母子感染や母乳感染などにより母親から病気をうつされたものである。HIVに感染した女性から生まれる子どもの3人に1人がこのウイルスに感染している危険性があるという。そして5歳になるまでに80％の確率で死亡するという。こうした悲劇に対して，有効な治療法がない現在，母親の感染そのものの予防が最も重要であることは言うまでもないことである。

今日，エイズで死亡する人々の多くがこうした発展途上国の人々で，さらにその大部分が女性と子どもであることは先に述べたような難民の場合と同様である。社会的，経済的に弱い者に矛盾が集中的に現れていることを児童福祉の立場からは問題としなければならないのである。

図表2－5　2010年までにエイズで死ぬ子どもの推定数

	2010年の5歳未満児死亡率（出生1,000人あたり）		2010年の5歳未満児死亡数		
	エイズがない場合	エイズがある場合	エイズがない場合	エイズがある場合	差
タンザニア	96	165	184,000	317,000	133,000
ウガンダ	92	184	117,000	235,000	118,000
ケニア	56	123	85,000	187,000	102,000
ザイール	97	119	266,000	327,000	61,000
ザンビア	56	160	31,000	87,000	56,000
マラウイ	136	209	98,000	150,000	52,000
ルワンダ	89	171	51,000	99,000	48,000
ブルキナファソ	109	175	66,000	106,000	40,000
ジンバブエ	38	108	20,000	56,000	36,000
コートジボワール	78	107	80,000	110,000	30,000
ブルンジ	79	140	27,000	48,000	21,000
中央アフリカ	118	194	22,000	36,000	14,000
コンゴ	97	148	14,000	22,000	8,000
タイ	21	103	21,000	105,000	84,000
ブラジル	33	44	113,000	151,000	38,000
ハイチ	128	151	39,000	46,000	7,000
合計			1,234,000	2,082,000	848,000

資料）米国国勢調査局「世界人口概観1994年」
出所）図表2－4に同じ，p.5

(2) 子どもの権利条約（児童の権利に関する条約）の成立

　児童福祉の確立のための絶対的基礎となる児童の権利が，国際的に承認されるには長い時間がかかっている。一般には「児童（子ども）の権利」はフランス革命期におけるJ. J. ルソーの「子どもの発見」にはじまるものとされている。しかし，その後長い間，資本主義の発展期においては，子ども期固有の価値の尊重が前提とされる「児童の権利」は確立しなかった。

　児童の権利の国際的な承認は，図表2－6のように，1924年の国際連盟による「ジュネーブ宣言」が最初のものとされている。第一次世界大戦での，多くの戦争孤児や障害を負った子どもたちに対して国際連盟は反省の気持ちを込めて，全文5か条のその宣言において「児童が身体上ならびに精神上正当な発達を遂げる」ことや「児童は危難に際して最先に救済されなければならない」などとしたのである。

　児童の権利はその後，第二次世界大戦後の1948年の「世界人権宣言」，1959年の「児童権利宣言」などを経て，1989年の国際連合での「子どもの権利条約」（児童の権利に関する条約）の制定によってようやく広く国際的に承認されるにいたった。子どもの権利条約は2004年現在では，世界の190ヵ国以上が批准し，国連でも最大規模の国際条約となっている。

　この間，わが国でも第二次世界大戦後の1947年には「児童福祉法」を，1951年には「児童憲章」を制定することによって，児童を大人とは区別した特別な保護対象としてその権利を守ろうとする視点が強化されてきた。また1994年には，わが国もようやく「子どもの権利条約」を批准し，その理念や内容の紹介が外務省や厚生省によって行われた。

　「子どもの権利条約」制定以後の国際的規模での子どもの権利の確

図表2－6　児童の権利の国際的な発展

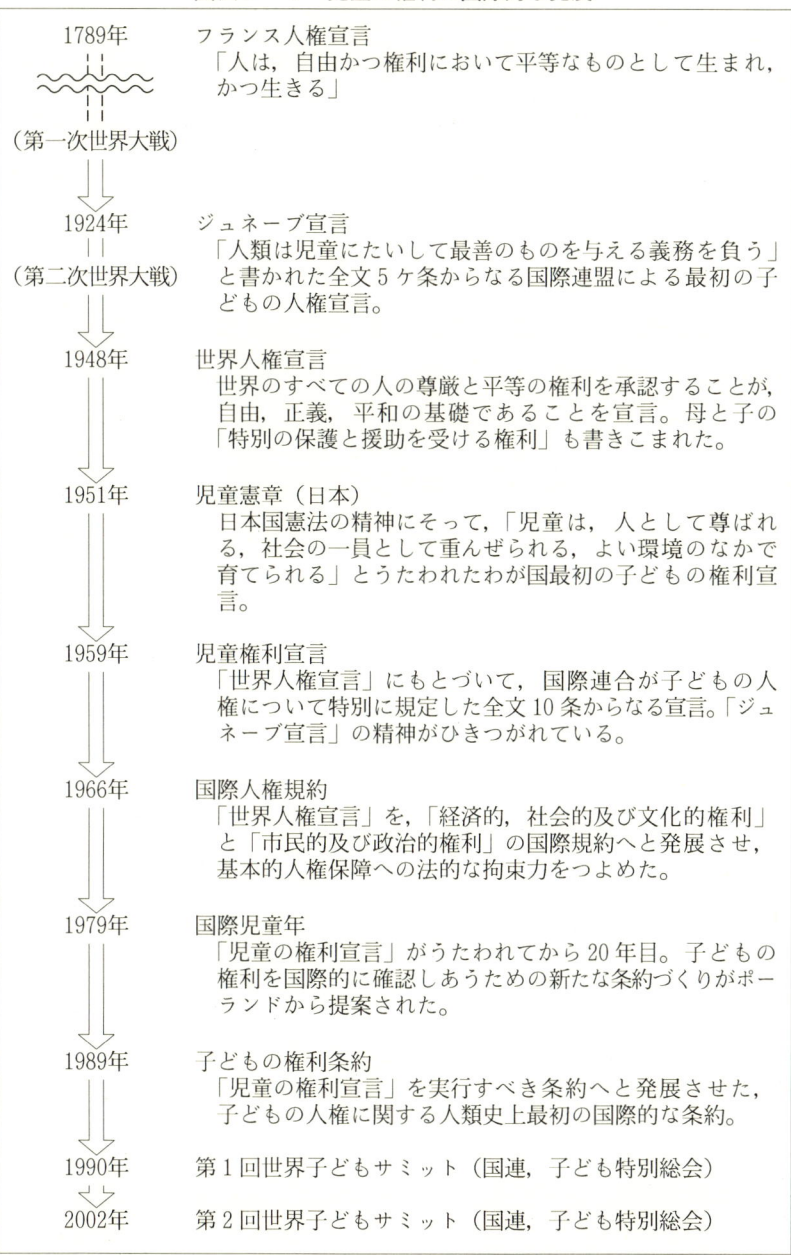

1789年　フランス人権宣言
　　　　「人は，自由かつ権利において平等なものとして生まれ，かつ生きる」

（第一次世界大戦）

1924年　ジュネーブ宣言
　　　　「人類は児童にたいして最善のものを与える義務を負う」と書かれた全文5ヶ条からなる国際連盟による最初の子どもの人権宣言。

（第二次世界大戦）

1948年　世界人権宣言
　　　　世界のすべての人の尊厳と平等の権利を承認することが，自由，正義，平和の基礎であることを宣言。母と子の「特別の保護と援助を受ける権利」も書きこまれた。

1951年　児童憲章（日本）
　　　　日本国憲法の精神にそって，「児童は，人として尊ばれる，社会の一員として重んぜられる，よい環境のなかで育てられる」とうたわれたわが国最初の子どもの権利宣言。

1959年　児童権利宣言
　　　　「世界人権宣言」にもとづいて，国際連合が子どもの人権について特別に規定した全文10条からなる宣言。「ジュネーブ宣言」の精神がひきつがれている。

1966年　国際人権規約
　　　　「世界人権宣言」を，「経済的，社会的及び文化的権利」と「市民的及び政治的権利」の国際規約へと発展させ，基本的人権保障への法的な拘束力をつよめた。

1979年　国際児童年
　　　　「児童の権利宣言」がうたわれてから20年目。子どもの権利を国際的に確認しあうための新たな条約づくりがポーランドから提案された。

1989年　子どもの権利条約
　　　　「児童の権利宣言」を実行すべき条約へと発展させた，子どもの人権に関する人類史上最初の国際的な条約。

1990年　第1回世界子どもサミット（国連，子ども特別総会）

2002年　第2回世界子どもサミット（国連，子ども特別総会）

立は，1990年にニューヨークで行われた「世界子どもサミット」（国連子ども特別総会）に，150ヵ国以上もの各国首脳が集まり，2000年までに，「世界の5歳未満児の中・重度の栄養不良を半減する」「基礎教育の完全普及を実現し，少なくとも80％の子どもが初等教育を終了できるようにする」などの10項目の目標の実現を誓って，各国での国内行動計画を作成したことでも大きく前進した。

具体的には，1970年代末に当該国で10％に満たなかったポリオなどの予防接種率は，1990（平成2）年末には80％にも普及し，1983（昭和58）年に年間約40万人が罹患した患者数は1994（平成6）年には10万人強へ，同じ1980年代には毎年300万人がその犠牲になっていたはしかは50万人以下にと激減したのである。今日，ポリオやはしかは世界から根絶される「最後の1マイル」にさしかかっているとされ，ユニセフではその完全撲滅を訴えている。こうした国際的な運動は2002年に開かれた2回目の「世界子どもサミット」でも継続が確認され，条約の締約国にそれぞれの国のかかえる課題の克服と国際協力に力を注ぐことが強く求められている。

(3) 子どもの権利条約の意義と児童福祉

児童福祉の面で，「子どもの権利条約」には2つの大きな今日的な意義がある。その第一は，児童をたんに大人の保護対象としてとらえるのではなく，児童を一人の権利主体として，さまざまな市民的権利＝自由権，参加権などを認め，児童による自己決定権の可能な限りの尊重を求めている点である。いわば，人権一般を広く児童にも認めていることである。

また第二には，児童の第一義的な育成責任は父母にあるとし，それによる養育を可能な限り保障するために，父母への経済的援助も含め

た支援を求めている点である。児童を一人の権利主体として認めたとしても，言うまでもなく，子どもは自分の親や生まれてくる国を選べない存在であり，児童の権利の保障とは，一般にはその父母などの保護者の生活する国や社会などの児童の養育基盤が問題とされなければならないものだからである。このことは，とりわけ発展途上国の児童には大きな重みをもつことである。

「子どもの権利条約」をみると，児童の家庭による養育を受ける権利についてふれている条文は数多い。おもなものでも以下のようなものがある（条約内容については，本書末の参考資料参照のこと）。

第 5 条「親の指導の尊重」
第 9 条「親からの分離禁止と分離のための手続き」
第10条「家族再会のための出入国」
第18条「親の第一次的養育責任と国の援助」
第19条「親による虐待・放任・搾取からの保護」
第20条「家庭環境を奪われた子どもの養護」
第21条「養子縁組」
第25条「医療施設等に措置された子どもの定期的審査」
第27条「生活水準への権利」

これらの条文は，従来のわが国に多くみられた，子に対する「親権」の一方的な優位を認めるものではなく，むしろ親が子の最善の利益を保障しなければならない福祉的な義務を明らかにしたものであり，親の子に対する第一次的な養育責任を強調したものとして理解される。これらの条文を通じて，各国には，父母等が養育責任を果たしやすいようにするための養育基盤整備の役割が強く期待されている。さらに，親が一時的または恒久的に養育責任を果たせない家庭に対しては，国に第二次的な養育責任を求め，里親や養子縁組または子どもに適した

施設養護などの方法をとることなどが規定されている。

　子どもの権利条約は，たんなる宣言ではなく，国際条約であることから各国ではそれぞれの国の憲法に次ぐ法規範としての効力を有しているものである。子どもの権利条約の第一部には，大きくは，①児童の人として，市民の一人としての一般的権利，②児童であることでの教育や家庭を与えられる固有の権利，③特に困難な状況におかれた児童への特別保護などの内容が定められている。子どもの権利条約の理念の尊重が世界に求められる。

第3章

児童福祉のサービス体系

第1節　児童福祉サービスの類型とその利用

(1)　児童福祉サービスの類型

　児童福祉サービスの機能を「すべての児童とその家庭への社会的な援助の体系，自己実現を支援する過程である」と考えるならば，そのサービスを必要とする内容には，大きくは経済（金銭）的な援助と，対人（人格）的な援助とがある。第一の経済的な援助は，国による社会保障分野の施策が中心となるが，図表3─1にある児童手当，児童扶養手当，特別児童扶養手当が主なもので，それぞれの要件に該当する家庭に対して，現金給付の形態をとるものである。

　児童手当については，国や地方自治体以外にも企業などの雇用主にも費用の負担が一定の割合で求められているが，児童扶養手当および特別児童扶養手当は国と都道府県，市町村の負担により支給されているものである。いずれの手当も保護者の収入によっては支給されない場合がある。現金給付にはその他にも健康保険制度による出産育児一時金や出産手当金，幼稚園の就園奨励費などがある。また，母子家庭等へは，母子寡婦福祉貸付金制度により修学資金や生活資金などの低利子の貸付や，生活保護制度における母子加算（2004年度，月額約23,000円）制度なども行われている。

図表3-1　児童手当などの概要（2004年度）

	児童手当	児童扶養手当	特別児童扶養手当
目的	児童を養育している者に児童手当を支給することにより，家庭における生活の安定に寄与するとともに，次代の社会をになう児童の健全な育成及び資質の向上に資する	父と生計を同じくしていない児童が育成される家庭の生活の安定と自立の促進に寄与するため，当該児童について児童扶養手当を支給し，もって児童の福祉の増進を図る	精神または身体に障害を有する児童について特別児童扶養手当を支給することにより，これらの者の福祉の増進を図る
支給対象者	小学校3年生までの児童（9歳到達後初めての年度末まで）※2006年度より小学校修了まで延長	父母の離婚等により父と生計を同じくしない児童（18歳に達する日以後の最初の3月31日までの間にある者または20歳未満で一定の障害の状態にある者）を監護養育している母等	障害児（20歳未満であって，精神または身体に政令で定める程度の障害の状態にある者）を家庭で監護養育している父母等
手当額（2004年度の月額）	第1子　　　5,000円 第2子　　　5,000円 第3子以後　10,000円	児童1人の場合 　　　　　　42,000円 児童2人の場合 　　　　　　47,000円 3人以上児童1人の加算額　　3,000円	1級　51,000円 2級　34,030円
所得制限	415万円（4人世帯所得ベース）	受給者の前年の年収130万円未満（2人世帯） （130万円以上365万円未満の場合は，32,090円から10円まで10円きざみ）	
受給児童数	約645万人	約82万人 （支給理由別内訳人数） 　離婚　　　727,179人 　死別　　　　9,497人 　未婚の母子　60,260人 　父障害　　　2,880人 　遺棄　　　　6,556人 　その他　　 16,978人	約15万人

資料）厚生労働省調べ
出所）『社会保障入門』（平成16年版），中央法規出版，pp. 72-73 に加筆作成

第二の対人的な援助は保護者などに金銭が支給されるのではなく，医療機関での医療看護サービスや児童福祉施設でのサービス，在宅家庭の子育て支援サービスなどのように現物給付という形態をとることが特徴である。

　児童福祉施設や在宅の子育て支援サービスはサービス利用にあたり保護者負担を軽減する目的で，国や都道府県，市町村のそれぞれの一定の割合での負担によりサービスが実施されている。医療機関の給付には児童福祉法で未熟児への養育医療，障害のある児童への育成医療，結核児童への療育の給付などが都道府県，指定都市などを実施主体として規定されている。いずれも医療保険による自己負担分について，その一部または全部を減額する事業である。

　対人的な児童福祉サービスをさらに細かく，その利用の場で「施設福祉サービス」と「在宅福祉サービス」とに分けて説明することもよく行われている。さらに今日では，図表3—2のように両者を統一して「地域福祉サービス」ととらえることが一般化している。

　「施設福祉サービス」には，児童養護施設（次節及び第7章参照）のように家庭に代わり24時間の生活を保障する入所施設（生活施設）と，保育所や障害のある児童のための昼間の一定時間の保護・養育・専門療育などを行う通所施設とに大別できる。ただし在宅福祉サービスを主として利用する児童の場合でも，保護者が一時的な病気や家庭の都合によっては短期間の入所施設サービスを受ける場合もあり，この2つの区分はあくまである時期だけをとらえた便宜的なものである。

　児童福祉法の第6条—2項には，児童居宅介護等事業，児童デイサービス事業，児童短期入所事業，障害児相談事業などがあげられており，高齢者福祉サービスに準じ，児童福祉分野でも在宅福祉サービスの充実が課題となっている。

図表3－2　児童福祉サービスの類型

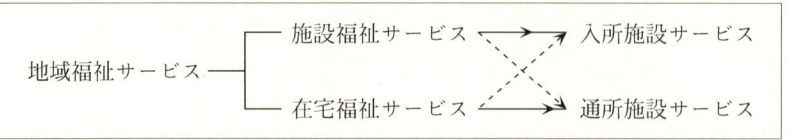

```
地域福祉サービス ┬─ 施設福祉サービス ─→ 入所施設サービス
                 └─ 在宅福祉サービス ─→ 通所施設サービス
```

　また，図表3－2の内容の理解には，今日の児童問題の複雑化や広がりに対応して，児童福祉を狭義の福祉領域だけで考えるのではなく，学校教育機関，医療機関，母子保健機関，家庭裁判所などの司法機関，青少年労働機関等々も含めた幅広い地域の児童にかかわる公的な専門機関や施設を含めた「地域福祉」サービス概念が求められている。

(2)　児童福祉の専門機関

　児童福祉にかかわる専門機関は上述のように教育や医療，司法，労働など幅広いが，児童福祉法に規定された主なものだけに限定しても図表3－3のようなものがある。以下，図にもとづき福祉事務所，保健所，児童相談所の概要についてだけ簡単に見ておきたい。

《福祉事務所》

　福祉事務所は，社会福祉法第14条の規定にもとづき，都道府県および市部にはかならずおかなければならないものとして，また町村には任意におくことができるとされるものである。図表3－3にあるように2003年4月時点でその設置数は，市町村が879ヵ所，都道府県の郡部におかれて，管轄下の町村の福祉事務を行う郡部都道府県事務所が333ヵ所の総計1,212ヵ所となっている。本来，福祉事務所は福祉六法にかかわる仕事全般を扱う機関なので，地域にもよるがその業務の中心は生活保護になっているところが多い。

　児童福祉に関しては，児童と妊産婦の福祉に関し，「必要な実情の把握につとめること，その相談に応じ，必要な調査を行うとともに個

図表 3-3　児童福祉の実施体制と専門機関

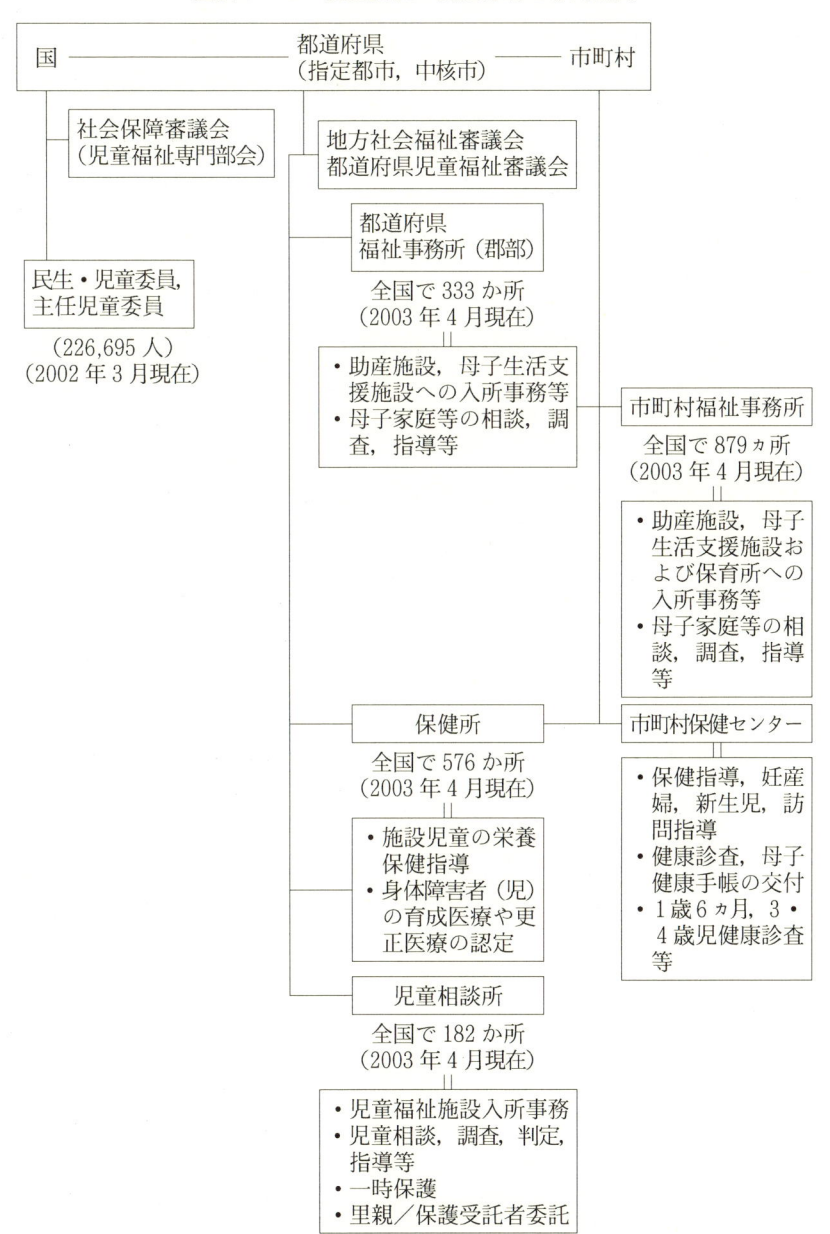

```
国 ─────── 都道府県 ─────── 市町村
            (指定都市, 中核市)
```

- 社会保障審議会（児童福祉専門部会）
- 地方社会福祉審議会／都道府県児童福祉審議会

民生・児童委員，主任児童委員
（226,695 人）
（2002 年 3 月現在）

都道府県福祉事務所（郡部）
全国で 333 か所
（2003 年 4 月現在）

- 助産施設，母子生活支援施設への入所事務等
- 母子家庭等の相談，調査，指導等

市町村福祉事務所
全国で 879 ヵ所
（2003 年 4 月現在）

- 助産施設，母子生活支援施設および保育所への入所事務等
- 母子家庭等の相談，調査，指導等

保健所
全国で 576 か所
（2003 年 4 月現在）

- 施設児童の栄養保健指導
- 身体障害者（児）の育成医療や更正医療の認定

市町村保健センター

- 保健指導，妊産婦，新生児，訪問指導
- 健康診査，母子健康手帳の交付
- 1 歳 6 ヵ月，3・4 歳児健康診査等

児童相談所
全国で 182 か所
（2003 年 4 月現在）

- 児童福祉施設入所事務
- 児童相談，調査，判定，指導等
- 一時保護
- 里親／保護受託者委託

出所）厚生労働省監修『厚生労働白書』（平成 15 年版）p.447 から作成

別的または集団的に必要な指導を行うことまたこれらに付随した業務を行うこと」とされている。

具体的には，福祉事務所長は，①助産施設や母子生活支援施設への入所の措置や保育の実施を必要とする児童について，都道府県知事，市町村長に，報告，通知し，必要な利用の手続き事務をすすめること，②児童福祉施設入所や里親委託など児童相談所が判定，措置すべき児童相談所に送致すること，③児童やその保護者を福祉事務所の知的障害者福祉司や社会福祉主事に指導させること，などが業務とされている。

近年では児童の健全育成の推進のために多くの福祉事務所は家庭児童相談室を設置しており，その相談指導内容も図表3―4のように多岐にわたっている。家庭児童相談室には社会福祉主事だけではなく，家庭相談員が配置されてその相談に応じているが，近年その相談内容には虐待問題などの深刻なケースも増加しており，職員の専門性の一層の向上やその担当者数の増員が求められている。

図表3－4　福祉事務所の家庭児童相談室における相談指導件数の推移

	相談室設置数[1]	総数（件）	相談指導内容（件）							
			性格・生活習慣等	知能・言語	学校生活等	非行	家庭関係	環境福祉	障害	その他
昭和55年度（'80）	1,003	569,339	78,521	90,106	68,829	29,984	49,169	104,647	75,460	72,623
平成2　（'90）	964	635,833	79,638	94,975	126,147	29,282	64,116	101,732	85,754	54,189
12　（'00）	956	816,381	89,979	125,959	136,515	18,358	158,579	134,830	85,497	66,664
14　（'02）	…	855,152	84,141	111,959	141,957	17,216	198,806	152,163	80,936	67,974
15　（'03）	…	941,704	90,095	107,219	158,052	20,177	223,595	185,486	72,833	84,247

資料）厚生労働省「社会福祉行政業務報告」
出所）厚生統計協会編『国民の福祉の動向』（2004年版），p.103

《保健所と市町村保健センター》

　保健所は「地域保健法」の第5条の規定にもとづき，都道府県および政令市，中核市など，全国に571ヵ所（2004年4月）設置されているものである。児童福祉については母子保健法との関連が強く，母子保健や身体的障害や知的障害，精神的障害のある児童や家庭の指導・援助などの大きな役割を担っている専門機関である。

　児童福祉に関する業務の主なものは，「母子保健法」の規定に基づく業務が主で，保健師や助産師，看護師などを中心に，市町村への連絡調整・指導・助言に加えて，①児童や妊産婦の保健について正しい知識の普及，②未熟児に対する訪問指導や養育医療，③障害や病気などの児童への療育指導や療養指導，④児童福祉施設の栄養改善指導や衛生に関しての助言・指導などがある。

　また，「地域保健法」第18条の規定にもとづき，今日多くの市町村（全国2,543ヵ所，2003年12月）で設置されているものが，市町村保健センターである。市町村の保健センターは住民の健康相談，保健指導，健康診査その地域保健に関する業務を広く行う機関であるが，母子保健法に規定される母子健康センター業務を兼ねている場合が多い。

　具体的な児童福祉や母子保健に関しての業務は，①妊産婦，乳幼児に対する保健指導や訪問指導，②妊産婦健康診査や母子健康手帳の交付，③1歳6ヵ月児，3歳児健康審査などの乳幼児健康審査などが主なものである。市町村にはこうした業務，とりわけ健康診査事業に協力する者として，母子保健推進員などの専門的なボランティア組織を活用しているところもある。

　保健所や市町村の保健センターにかかわっては，2001年から2010年度までの期間で実施されている「健やか親子21」の計画が重要である。少子化対策も目的とした母子保健の総合計画であるが，胎児期

から思春期までの児童と母性の保健にかかわり4点の大きな課題をあげ，妊産婦死亡率や乳幼児の事故死や虐待死の低減，小児医療の充実，思春期以降の人口妊娠中絶，自殺予防など多岐にわたるものである。そのため，計画の達成には保健所や市町村保健センター職員はもとより地域住民すべての協力・連携が不可欠なものである。

《児童相談所》

児童相談所は児童福祉法第12条において，「都道府県は，児童相談所を設置しなければならない」とされ，各都道府県や指定都市に2004年4月で全国182カ所設置されている。人口50万につき1カ所設置が標準とされ，ひとつの都道府県に複数設置されている場合にはそのうちのひとつを中央児童相談所としている。その役割は，児童に関する家庭からのさまざまな相談に応じ，医学的，心理学的，教育学的，社会学的および精神保健上の専門的な角度から調査，診断，判定を行い，必要な指導や一時保護等を行う都道府県や政令市などが設置する児童福祉の専門機関である。

児童相談所への相談件数は1985年頃には約27万件程度であったが，近年大幅に上昇し，図表3―5のように2002年度では約40万件に上っている。相談内容は大きくは，養護相談，非行相談，障害相談，育成相談，保健相談その他の5つに区分されている。このうち最も多いのが障害相談である。近年大きな問題となっている虐待などの養護相談も数年前に比較すると，その絶対数，割合ともに漸増傾向にある（虐待問題と児童相談所の業務については第7章で詳しく述べている）。

2005年度からは，児童虐待問題の深刻化と相談件数の増加に伴い，児童相談所が主にあつかうのは虐待・養護問題と家庭裁判所などの司法の関与を必要とする非行問題とされ，これまでの障害相談や育成相談，保健相談などは市町村の家庭児童相談室や児童福祉課などが最初

図表 3-5　児童相談所における相談内容別受付件数の推移

	総数	養護相談	非行相談	障害相談	育成相談	保健相談その他の相談
実数						
平成12（'00）	362,655	53,867	17,211	189,843	68,324	33,410
13（'01）	382,016	62,560	16,897	202,199	67,568	32,792
14（'02）	398,552	63,859	15,650	224,294	63,855	30,894
構成割合（％）						
平成12（'00）	100.0	14.9	4.7	52.3	18.8	9.2
13（'01）	100.0	16.4	4.4	52.9	17.7	8.6
14（'02）	100.0	16.0	3.9	56.3	16.0	7.8

資料）厚生労働省「社会福祉行政業務報告」（年度中の相談種別決定件数）
出所）厚生統計協会編『国民の福祉の動向』（2003年版），p.113

の相談を担当することにされている。

　児童相談所の相談援助活動の流れは多岐にわたっているので複雑であるが，大きくは図表3-6のような体系にまとめられる。受理，調査，判定，診断，処遇がその大きな流れであるが，そのうちの処遇内容については，相談された2002年度の40万件を分類すると，①面接による助言指導，②心理治療，カウンセリングなどの継続指導，③児童やその保護者に対する訓戒，誓約措置，④児童福祉司，社会福祉主事，知的障害者福祉司，児童委員による指導措置，⑤児童福祉施設への入所措置，⑥里親などへの委託措置などに分けられる。これらの処遇の6割以上の26万件は面接による助言指導で，カウンセリングなどは4万件程度で約1割，児童福祉施設への入所，通所措置は約2万3千件，6％程度である。

　また児童相談所の処遇の決定過程では，ケース内容を判断し，必要に応じて，⑦福祉事務所や家庭裁判所への送致，通知，請求，⑧一時

図表3－6　児童相談所における相談援助活動の体系

```
                              ┌──→ 調査 ──→ 社会診断 ──┐                  都道府県児童福祉審議会
                              │   (15の2)    心理診断  │      (278)            │
                              │              ↗        │     (意見照会)  (意見具申)  ※
  相談の受付 ──→ 受理会議 ──┼──────────→ 医学診断  ├──→ 判定 ──→ 処遇会議 ──→ 処遇の決定
  ┌相談┐┌面接受付┐ (所長決裁) │              ↗        │  (判定会議)     (所長決裁)     │
  │通告││電話受付│            └──→ 一時保護 ─→ 行動診断 ┤                                ↓
  │送致│└文書受付┘                 保護/観察/指導(33)   │    (15の2)              処遇の実行
  └──┘                                  ↓              └──→ その他の診断   (児童,保護者,関係機関等への継続的援助)
                              (結果報告,方針の再検討)                              ↓
                                                                            処遇の終結,変更
                                                                          (受理,判定,処遇会議)
```

出所）厚生統計協会編『国民の福祉の動向』(2004年版)，p.101

保護なども幅広く行われている。

　これらのうちの施設入所措置は，児童相談所での医学，心理，社会行動判定や家庭状況調査などを総合して，児童本人または家庭に重大な問題があり，在宅での指導が困難と判定された児童を対象に，都道府県知事の権限で入所や利用の可否が決められるものである。具体的には，児童福祉法の第7条に規定される施設のうち，乳児院，児童養護施設，知的障害児施設，知的障害児通園施設，盲ろうあ児施設，肢体不自由児施設，重症心身障害児施設，情緒障害児短期治療施設，児童自立支援施設などの対象となる児童を児童相談所がとりあつかうものである。

　児童相談所の決定は，児童や家庭にとっては一生あるいは当面の生活に決定的といえるような影響を及ぼすことが多いものである。そのためにその決定には慎重な専門的な判断が求められるものであるが，同時に今日では虐待通報などに対してできるだけ迅速に対応することも求められている。児童相談所には，人口5万人～8万人に一人とされている児童福祉司をはじめとして，心理判定員，医師（精神科または小児科），その他のケースワーカーなどが置かれているが，虐待の

急増の現状ではその質，量ともに十分ではなく改善が強く関係者から要望されている。

第7章でも述べるが，児童相談所は時には保護者や児童の意に反する指導や措置を行わなければならない場合も多く，相談機能と指導機能の分離，司法の関与下での業務の遂行なども重要課題である。

第2節　児童福祉施設とその利用

(1) 児童福祉施設の区分と利用児童数

社会福祉の諸法律にもとづき，必要とされる人に対してさまざまな専門サービスを提供しているものが社会福祉施設である。老人福祉施設や障害者関係施設，生活保護法にもとづく施設，母子福祉施設や児童福祉施設など今日では全国に約8万カ所近いものがあり，利用者の数も300万人近くに達している。これらの施設の中でも最も数が多いのが児童福祉施設である。児童福祉施設は児童福祉法の第7条に規定されたものを中心に，今日では図表3－7のように，3万3,000カ所以上にのぼっており，その利用児童数も200万人を越えている。

児童福祉施設を区分すると，その利用時間や利用形態により，昼間の一定時間の「通所施設」と24時間型の生活のための「入所施設」とに大別したり，その専門機能により，「家庭代替的施設」，「専門訓練施設」，「地域支援施設」などとに分類することもある。

また，その利用方式により，①誰にでも自由に利用できる「利用施設」と，②利用にあたっては特別な要件を必要とし，都道府県知事などの許可が必要な「措置施設」，③政令基準や市町村などの利用基準にかなった児童（保護者）が市町村と契約して利用する「利用契約施設」とに分けて考えることもできる。

図表3－7　児童福祉施設定員・在所児数・従事者数

(平成14年10月1日現在)

施設	施設数	総数 定員	総数 在所児数	総数 従事者数	公営 施設数	公営 定員	公営 在所児数	公営 従事者数	私営 施設数	私営 定員	私営 在所児数	私営 従事者数
児童福祉施設	33,266	2,046,869	2,078,026	453,219	20,185	1,100,644	1,032,319	217,328	13,081	946,225	1,045,707	235,891
助産施設	492	…	…	…	235	…	…	…	257	…	…	…
乳児院	114	3,621	2,942	3,425	11	304	202	291	103	3,317	2,740	3,135
母子生活支援施設	285	…	…	1,797	116	…	…	515	169	…	…	1,282
保育所	22,288	1,959,889	2,005,002	382,297	12,414	1,080,067	1,019,085	192,872	9,874	879,822	985,917	189,425
児童養護施設	552	33,651	30,042	12,982	31	1,910	1,229	746	521	31,741	28,813	12,236
知的障害児施設	266	13,968	11,618	8,197	66	3,940	2,877	2,628	200	10,028	8,741	5,569
自閉症児施設	7	338	240	199	4	194	111	92	3	144	129	108
知的障害児通園施設	240	8,862	8,216	4,307	101	3,866	3,295	1,829	139	4,996	4,921	2,479
盲ろうあ児施設	13	338	149	133	4	92	6	18	9	246	143	115
難聴幼児通園施設	15	497	222	202	7	319	75	107	8	178	147	95
肢体不自由児施設	25	848	740	337	7	220	168	87	18	628	572	250
肢体不自由児通園施設	66	5,969	3,801	5,239	30	2,836	1,648	2,512	36	3,133	2,153	2,728
肢体不自由児療護施設	88	3,500	2,809	1,451	47	1,900	1,265	709	41	1,600	1,544	742
重症心身障害児施設	6	360	240	212	−	−	−	−	6	360	240	212
情緒障害児短期治療施設	101	9,838	9,582	12,550	7	620	560	790	94	9,218	9,022	11,759
児童自立支援施設	20	979	764	507	6	300	207	155	14	679	557	352
児童家庭支援センター	57	4,211	1,659	1,697	55	4,076	1,591	1,655	2	135	68	42
小型児童館	35	●	●	92	1	●	●	4	34	●	●	88
児童センター	2,834	●	●	8,664	2,098	●	●	6,280	736	●	●	2,384
大型児童館A型	1,610	●	●	6,992	1,036	●	●	4,742	574	●	●	2,249
大型児童館B型	16	●	●	327	7	●	●	106	9	●	●	221
大型児童館C型	4	●	●	52	2	●	●	29	2	●	●	23
その他の児童館	1	●	●	130	−	●	●	−	1	●	●	130
その他の児童館	146	●	●	413	101	●	●	271	45	●	●	142
児童遊園	3,985	●	●	1,018	3,799	●	●	892	186	●	●	126

資料）厚生労働省「社会福祉施設等調査報告」
出所）厚生統計協会編『国民の福祉の動向』(2004年版)，p.273

このうち，①の利用施設は図表3－7では児童館，児童遊園，児童家庭支援センターであり，②の都道府県知事による措置施設は，乳児院，児童養護施設，知的障害児施設，知的障害児通園施設，盲ろうあ児施設，肢体不自由児施設，重症心身障害児施設，情緒障害児短期治療施設，児童自立支援施設であり，③の契約施設は助産施設，母子生活支援施設，保育所である。

　児童福祉施設のその他の区分方法では，利用する児童の障害や抱えている問題に対応して，障害のある児童のための施設，情緒や行動に問題のある児童のための施設，家庭環境に問題がある児童のための施設といった分類をする場合も多い。

　また，社会福祉法の第2条では，社会福祉事業を第一種社会福祉事業と第二種社会福祉事業とに区分しているが，入所施設（とりわけ措置施設）は，第一種社会福祉事業に，通所施設の多くは第二種社会福祉事業に分類されている。

　第一種社会福祉事業に分類される施設の多くは長時間，長期にわたり，入所者の生活全般にかかわることが多く，その人権への配慮も強く求められることから，設置者は，都道府県や市町村などの公共団体や社会福祉法人に限定されている。第二種社会福祉事業に分類される施設の設置者には制限がないが，従来は実際上は社会福祉法人に限定されている場合が多かった。規制緩和の流れのなかで，その設置主体の多様化が問題になっているのが現状である。

(2)　施設サービスの利用体系と費用負担

　児童福祉施設の利用システムは施設類型により異なっている。利用方式によってその体系を区分すると図表3－8のようなものになる（③の利用契約施設の保育所については，第6章で再掲し詳述する）。

図表 3-8　施設類型とその利用システム

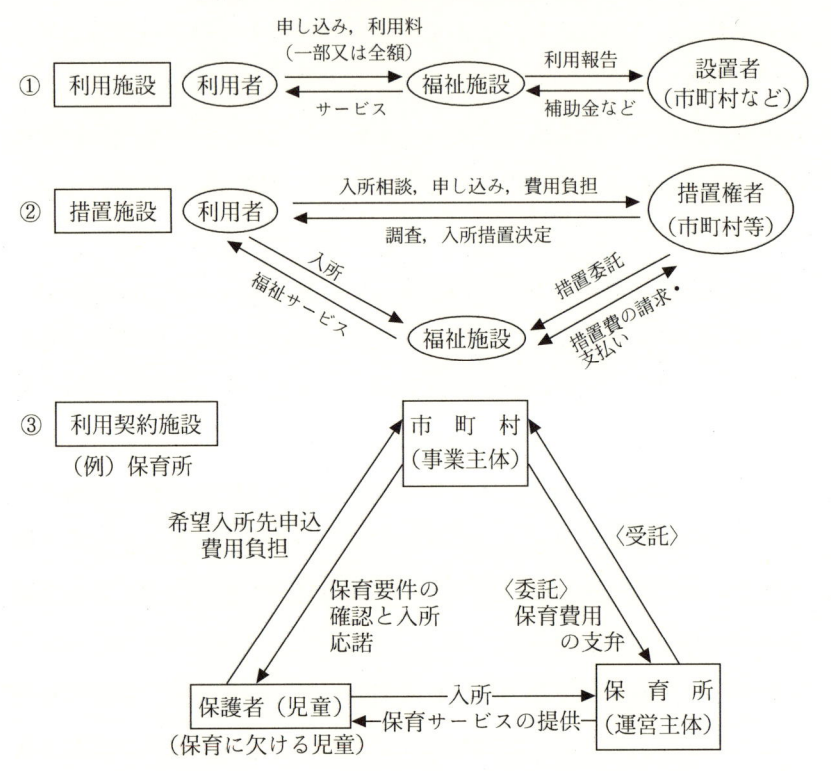

① 利用施設
　利用者 →（申し込み，利用料（一部又は全額））→ 福祉施設 →（利用報告）→ 設置者（市町村など）
　福祉施設 →（サービス）→ 利用者
　設置者 →（補助金など）→ 福祉施設

② 措置施設
　利用者 ←（入所相談，申し込み，費用負担）→ 措置権者（市町村等）
　措置権者 →（調査，入所措置決定）→ 利用者
　利用者 →（入所）→ 福祉施設 →（福祉サービス）→ 利用者
　措置権者 ←（措置委託／措置費の請求・支払い）→ 福祉施設

③ 利用契約施設
　（例）保育所
　市町村（事業主体）
　保護者（児童）（保育に欠ける児童）→（希望入所先申込，費用負担）→ 市町村
　市町村 →（保育要件の確認と入所応諾）→ 保護者
　市町村 →〈委託〉保育費用の支弁→ 保育所（運営主体）
　保育所 →〈受託〉→ 市町村
　保護者 →（入所）→ 保育所
　保育所 →（保育サービスの提供）→ 保護者

　これらの施設体系のうち，利用希望者が直接施設に申し込み，そのサービスを自由に受けられるのは，現時点では利用施設に限られている。措置施設も契約施設も受け付け窓口は施設でも行う場合もあるが，実際の利用の可否をきめるのは都道府県や市町村の担当課である。それらの施設では利用許可の権限は施設長にはなく，都道府県知事や市町村長の権限とされている。それは公費で運営されている施設の，公平性を担保するために行われてきたためであるが，その反面，施設の自主的運営を損なうことになり，何よりも利用者が施設を選べないという意味で利用者主権にも反するという指摘もある。

　少子化により施設の定員割れが起こっている地域ではそうした利用

者規制は必ずしも必要がないとも判断されることでもあり、「規制緩和」の流れをうけて、2005年度からスタートする幼稚園と保育所の一体化を目的とした「総合施設」では、利用者が直接施設に申し込み、その利用の可否を施設長が決定できる方式がとられた。しかし、利用希望者の多い施設の場合に、その入所・利用の順位をどう決めるかは重要なことであり、公正で透明な基準が作られ、公開されていることが必要である。

それらの施設利用にあたっては、児童福祉法第56条の規定にもとづきその負担すべき費用の全部または一部が負担能力に応じて免除されることになっている。また保育所については「家計に与える影響を考慮して保育の実施に係る児童の年齢等に応じて定める額を徴収できる」とされている。その実際の額は、学校の一種である幼稚園のように均一料金ではなく、保護者の所得税額に応じて図表3―9のように7段階に区分されている。保護者の所得によって利用料が異なることが児童福祉施設の特徴である。実際の保育料は国基準よりも減額している市町村が多いが、保護者から集められた保育料の総額は保育サービスの実施にかかる市町村費用の半額程度にまでなっているところもある。いずれにしても所得水準が比較的低いと推測される乳幼児をかかえる保護者の年齢層にとってはその負担は大変なものであり、少子化対策の視点からも見直しが求められている。

なお、わが国の児童福祉関係の社会保障に占める給付費の割合をみると、2000年度で図表3―10のように、総額で2兆7,419億円となっている。これは高齢者関係の給付費用のわずか20分の1程度にすぎず、わが国の現状は少子・高齢化社会対策が高齢者対策にかなり偏っているのが現状である。

図表3－9　平成15年度保育所徴収金基準額表（国基準）

各月初日の入所児童の属する世帯の階層区分		徴収金基準額（月額）	
階層区分	定　義	3歳未満児の場合	3歳以上児の場合
第1	生活保護法による被保護世帯（単給世帯を含む）	円 0	円 0
第2	第1階層および第4～第7階層を除き，前年度分の市町村民税の額の区分が次の区分に該当する世帯 / 市町村民税非課税世帯	9,000	6,000
第3	市町村民税課税世帯	19,500	16,500
第4	第1階層を除き，前年度分の所得税課税世帯であって，その所得税の額の区分が次の区分に該当する世帯 / 80,000円未満	30,000	27,000（保育単価限度）
第5	80,000円以上 200,000円未満	44,500	41,500（保育単価限度）
第6	200,000円以上 510,000円未満	61,000	58,000（保育単価限度）
第7	510,000円以上	80,000（保育単価限度）	77,000（保育単価限度）

出所）厚生労働省調べ

図表3－10　社会保障給付費に占める高齢者関係給付費と児童・家庭関係給付費

社会保障給付費	高齢者関係給付費		児童・家族関係給付費	
		給付費に占める割合		給付費に占める割合
78兆1,272億円	53兆1,982億円	68.1%	2兆7,419億円	3.5%

注）1．数字は平成12（2000）年度
　　2．高齢者関係給付費：年金保険給付費，老人保健（医療分）給付費，老人福祉サービス給付費，高年齢者雇用継続給付費
　　　児童・家族関係給付費：医療保険の出産育児一時金，雇用保険の育児休業給付，保育所運営費，児童手当，児童扶養手当等
出所）次世代育成支援システム研究会監『社会連帯による次世代育成支援にむけて』ぎょうせい，p.29

(3) 児童福祉施設最低基準とサービスの質の確保

　児童福祉施設での生活が人間的でかつ快適なものでなければならないことは，日本国憲法の第25条を持ち出すまでもないことである。そのため，児童福祉法の制定によりさまざまな児童福祉施設の設置が決められると同時に，そこでの施設設備の基準や職員基準，運営のサービス基準などを定めた「児童福祉施設最低基準」が1948年に省令として制定された。

　「児童福祉施設最低基準」は，厚生労働大臣に，「児童の身体的，精神的および社会的な発達のために必要な生活水準を確保する」ことを目的として最低基準を定めなければならないこととし，児童福祉施設の設置者等には「その基準の遵守と水準の向上に努めること」を求めたものである。施設を利用する児童に憲法が保障する生存権を具体化した意義が大きかったことは第2章で述べた通りである。

　児童福祉施設最低基準は第1章を総則として，第2章から11章までで，児童福祉法に規定された各児童福祉施設の設備や職員，児童処遇の内容などの運営の基本を定めているものである。

　「最低基準」に定められた主な施設の設備，居室等の広さ，職員などについての基準は図表3-11の通りである。児童養護施設などの入所施設の多くが，一居室の定員が15人以下といった居住水準，少ない職員配置基準など，今日の一般の生活水準との比較では問題が多く，その改善が急務の制度課題となっている。

　一方，こうした「最低基準」を満たした施設の運営を保障するために国および都道府県，市町村などから一定割合で設置者に支給される費用を措置費（保育所では運営費）と呼んでいる。措置費の構造は図表3-12のようなものであり，その費用の多くは，人件費を中心にした事務費であり，今日では，施設によっては人件費割合が，措置費

図表3－11　児童福祉施設最低基準（抜粋）

施設種別	設備	居室等の基準	主な職員の職種	職員の配置基準
助産施設	病院として必要な設備		病院として必要な職員	
乳児院	寝室，観察室，診察室，病室，ほふく室，調理室，浴室，便所	寝室，観察室は，それぞれ乳児×1.65㎡以上	医師または嘱託医（小児科診療に相当の経験を有する），看護師（保育士または児童指導員に代えることができる），栄養士，調理員	乳児1.7人に1人以上の看護師
母子生活支援施設	母子室，集会や学習を行う室，調理場，浴室，便所	1世帯1室以上の母子室で1人×3.3㎡以上	母子指導員，嘱託医，少年を指導する職員，調理員	
保育所	乳児室又はほふく室，医務室，調理室，便所（保育室又は遊戯室，屋外遊戯場，調理室，便所）…満2歳以上	乳児室1人×1.65㎡以上，保育室1人×1.98㎡以上	保育士，嘱託医，調理員	0歳児　　　3：1 1～2歳児　　6：1 3歳児　　　20：1 4～5歳児　30：1
児童厚生施設	広場，遊具，便所（屋外型）集会室，遊戯室，図書室，便所（屋内型）		児童の遊びを指導する者	屋内型では最低2人以上
児童養護施設 （地域小規模児童養護施設）	居室，調理室，浴室，便所	1居室の定員は15人以下，1人×3.3㎡以上	児童指導員，嘱託医，保育士，栄養士，調理員	児童指導員及び保育士は，満3歳未満児2人につき1人，満3歳以上の幼児4人につき1人，少年6人に1人以上
知的障害児施設	（児童養護施設に同じ），静養室	（児童養護施設に同じ）	（児童養護施設に同じ）医師，看護師（第2種自閉症児施設）	児童指導員及び保育士は，知的障害児4.3人に1人以上
知的障害児通園施設	指導室，遊戯室，屋外遊戯場，医務室，静養室，相談室，調理室，浴室またはシャワー室，便所	1指導室の定員は10人，1人×2.47㎡以上，遊戯室は1人×1.65㎡以上	（児童養護施設に同じ）	児童指導員及び保育士は，乳児又は幼児4人に1人以上，少年7.5人に1人以上
盲児施設	居室，講堂，遊戯室，訓練室，職業指導の設備，音楽に関する設備，調理室，浴室，便所	1居室の定員は15人以下，1人×3.3㎡以上	嘱託医，児童指導員，保育士，栄養士，調理員	児童指導員及び保育士は，乳児又は幼児4人に1人以上，少年5人に1人以上
ろうあ児施設	居室，講堂，遊戯室，訓練室，職業指導の設備，映写に関する設備，調理室，浴室，便所	（盲児施設に同じ）	（盲児施設に同じ）	（盲児施設に同じ）
難聴幼児通園施設	遊戯室，観察室，医務室，聴力検査室，訓練室，相談室，調理室，便所		（盲児施設に同じ），聴能訓練担当職員，言語機能訓練担当職員	聴能訓練担当職員，言語機能訓練担当職員は，各々2人以上，児童指導員及び保育士も含めて総数は幼児4人に1人以上
肢体不自由児施設	病院として必要な設備，ギブス室，訓練室，訓練場，講堂，図書室，作業の設備，義肢装具製作設備，浴室		病院として必要な職員，児童指導員，保育士，理学療法士又は作業療法士	児童指導員及び保育士は，乳児又は幼児10人に1人以上，少年20人に1人以上
肢体不自由児通園施設	診療所として必要な設備，訓練室，屋外訓練場，相談室，調理室		診療所として必要な職員，児童指導員，保育士，看護師，理学療法士又は作業療法士	
肢体不自由児療護施設	居室，医務室，静養室，訓練室，屋外訓練場，調理室，浴室，便所		嘱託医，児童指導員，保育士，看護師，栄養士，調理員	児童指導員及び保育士は，児童3.5人に1人以上
重症心身障害児施設	病院として必要な設備，観察室，訓練室，看護婦詰所，浴室		病院として必要な職員，児童指導員，保育士，看護師，理学療法士又は作業療法士	
情緒障害児短期治療施設	居室，医務室，静養室，遊戯室，観察室，心理検査室，相談室，工作室，調理室，浴室，便所	1居室の定員は5人以下，1人×3.3㎡以上	医師，心理療法担当職員，児童指導員，保育士，看護師，栄養士，調理員	心理療法担当職員は児童10人に1人以上，児童指導員及び保育士は児童5人に1人以上
児童自立支援施設	（児童養護施設に同じ），学科指導に必要な設備は学校教育法の規定を準用	（児童養護施設に同じ）	児童自立支援専門員，児童生活支援員，嘱託医，精神科診療経験嘱託医，栄養士，調理員	児童自立支援専門員，児童生活支援員は，児童5人に1人以上

出所）「児童福祉施設最低基準」から抜粋作成

図表 3 − 12　措置（運営）費の構造

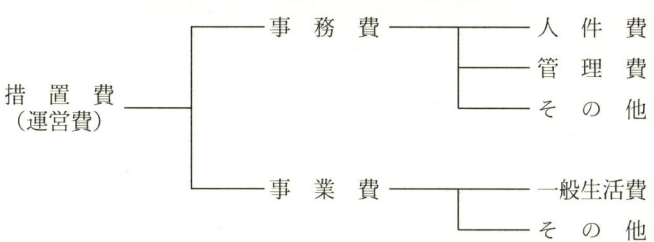

```
                        ┌─ 人 件 費
            ┌─ 事 務 費 ─┼─ 管 理 費
措 置 費    │            └─ そ の 他
（運営費）─┤
            │            ┌─ 一般生活費
            └─ 事 業 費 ─┴─ そ の 他
```

の80％，90％といったところもある。児童福祉施設はその活動で利益をあげることが認められていないものであり，文字通り措置費だけが多くの施設にとっては頼りである。措置費の支給水準が低すぎる場合には必要なサービスを提供できず，そのサービスの質も保てない構造になる。

　近年，本書の第7章でもふれるが，施設に対して利用者でも事業者でもない専門的な立場の第三者が訪問調査することでその質の向上を目指す第三者評価事業の動きが始まっている。そのことも利用者主権の立場からは意味があり重要なことではあるが，その場合であっても「児童福祉施設最低基準」がベースにあり，それが守られていることを前提とし，その上を目指すものと考えたい。一般の人々の生活水準の向上に対応し，「児童福祉施設最低基準」の見直し，向上が急がれなければならないことと思われる。

第4章

児童福祉の専門職員と援助技術

第1節　児童福祉の専門職員とその要件

(1)　児童福祉施設と専門機関の主な職員

　児童福祉にかかわる児童福祉施設や専門機関の業務内容等については前章で簡単にふれた。そこで働く主な有給の職員を簡単にまとめたものが図表4─1である。児童福祉施設だけでも今日では専任職員は40万人を越しているが，実際にはこの表以外にも，施設の必要性に応じて，調理員や栄養士，看護師や保健師，助産師，医師，理学療法士や作業療法士，言語訓練士，職能訓練士などがおかれており，その他必要な事務員や用務員などの職種もある。また，近年では在宅での

図表4－1　児童福祉施設と専門機関の主な職員

施設・機関		職　種
児童福祉施設		児童指導員，児童の遊びを指導する者，職業指導員，母子指導員，心理療法担当職員，児童自立支援専門員，児童生活支援員，保育士，施設長，など
専門機関	児童相談所（一時保護所を含む）	所長，児童福祉司，心理判定員，児童指導員，医師，保健師，保育士など
	福祉事務所（婦人保護所を含む）	所長，社会福祉主事，身体障害者福祉司，知的障害者福祉司，家庭相談員，母子自立支援員，婦人相談員，家庭児童福祉主事，婦人相談所の相談指導員，一時保護担当職員など
	保健所（市町村保健センターを含む）	施設長，医師，助産師，保健師，看護師，精神衛生相談員，管理栄養士など

福祉サービスと施設をつなぐ役割をになうホームヘルパーやファミリーサポートセンターの提供会員，地域の子育て支援のための相談員なども増えている。児童福祉が児童家庭福祉にその概念を広げるにつれ，児童福祉にかかわる専門職員の範囲も広がりつつあるのが現在である。

(2) 児童福祉施設職員の要件

児童福祉施設で働く職員に求められる要件（職員としての基本的な条件）には，一般的な資質要件と専門職種にかかわる資格要件とがある。一般的な資質要件については，児童福祉施設最低基準の第7条は，「健全な心身を有し，児童福祉事業に熱意のある者であって，できる限り児童福祉事業の理論および実際について訓練を受けた者でなければならない」としている。ここでは特別な学歴や体系的な知識，技術が条件になっているわけではない。しかし，あらためて述べるまでもないが，第1章でもふれたように，社会福祉の仕事が児童の自己決定権の尊重，自己実現を支援し，児童の人格と生活とを同時的に支える役割を担う職種であることを考えるならば，求められる職員の資質にはまず何よりも深い専門性に裏づけされた暖かい人間性が必要と思われる。

専門職種にかかわる資格要件については，厳密な国家資格としてのものと，就職をする時に求められ，その職種にある時だけに有効な任用資格とに分けて考えることができる。国家資格については，医師や看護師，作業療法士などの医療専門職などを除けば，児童福祉法第18条4に定めのある保育士資格，「社会福祉士および介護福祉士法」による社会福祉士や介護福祉士などが主なものである。保育士の資格取得には国家試験の受験による方法と，厚生労働大臣によって，指定された養成施設，短期大学，大学などで所定の科目を修めてその学校

等を卒業する方法がある。

　任用資格では，福祉事務所で働く社会福祉主事が最も一般的なものである。社会福祉主事は社会福祉法の第19条において，「年齢20歳以上の者であって，人格が高潔で，思慮が円熟し，社会福祉増進に熱意のある者」を基本要件に，大学などで，社会福祉に関する特定の科目を修めて卒業した者となっている。しかし，その特定の科目とは社会学，心理学，教育学など3科目だけでもよいことになっており，その職種について求められる高い専門性の担保という視点からは疑問が残る。

　同様な問題点は児童福祉司や家庭相談員などの児童福祉専門機関で働く職員のための資格や，児童福祉施設最低基準で定められた児童福祉施設で働く児童指導員，母子指導員，児童の遊びを指導する職員などの任用資格についても指摘でき，児童福祉関係職種の資格について厳密な資格要件がないに等しいような状況は問題とされなければならない。

　児童福祉施設での処遇（サービス）は，それが児童の生活そのものであるということからやり直しがきかないものであり，あくまで児童本位でなければならないものである。しかも施設での生活は一般に長期間にわたって続くものであり，短期的なやり直しもできる実験室ではない。施設職員には一般的な仕事への責任感や健康が求められるのは当然のこととして，さらに高いモラルや専門性の向上心が普段に求められている。

第2節　児童福祉の専門援助技術

(1) 施設養護の基本と専門援助技術体系

　児童福祉施設はその対象（サービス利用者）が児童であるという特性から，その家庭との連携・協力を前提に，家庭機能の補充や代替などと，家庭機能の充実・促進などの役割を全面的または部分的に担うものである。

　児童養護施設については第7章第2節でもふれるが，一般に，施設処遇の原則は，児童中心主義にもとづいた家庭的処遇を基本に児童の成長発達の促進を目的としなければならないものである。そのため今日の施設にはできるだけ小規模化，専門化，ノーマライズされた生活，QOL＝現在の生活の質の重視などが共通して求められている理念である。

　施設での生活は日常的な衣食住や健康管理，遊びや学習活動などにかかわる毎日の繰り返しの場面と，家庭や学校，地域，施設行事などとのかかわりで時に生ずる非日常的な場面とに分けられるものである。日常の生活はことさら基本原理などを意識することなく行われることも多いが，児童の成長発達，人格形成に極めて大きな影響を与えるものであることは，家庭で暮らす一般の児童の生活の意味を考えれば理解できることである。それゆえに小規模化やノーマライズされた生活の保障などが課題とされているのである。

　しかし，児童の問題は，児童本人自身が問題を自覚しているということは少なく，児童に関係する保護者や学校の教師などが指導困難児として発見，それによりはじめて，問題提起されることが多いという特徴がある。このことが本人自身へのケースワーク的な働きかけが有

効な大人の場合と大きく異なる点である。そのため，その問題の解決には児童自身よりも児童にかかわる大人への働きかけや児童をとりまく環境の改善が必要になることが多くなる。

　一般には児童自身が環境を変えることはできないので，周囲の人々の児童へのかかわり方や態度改善が児童福祉での援助技術には求められている。児童の場合と大人の場合とのそうしたかかわり方の違いを理解した上で，その援助技術の体系を図示すると図表4－2のように，心理臨床的な側面を多く含む直接援助技術の体系と社会的な間接援助の体系とに区分できる。

　直接援助技術のケースワークとグループワークについては次頁以後で説明するが，援助者としての児童やその家族へのかかわり方とその役割には，図表4－2の関連援助技術に関連して，①教育・治療的役割，②相談・助言的役割，③権利代弁・擁護的役割，④調整・ネットワーキング的役割，⑤仲介・調停的役割などが期待されるものである。

図表4－2　援助技術の体系

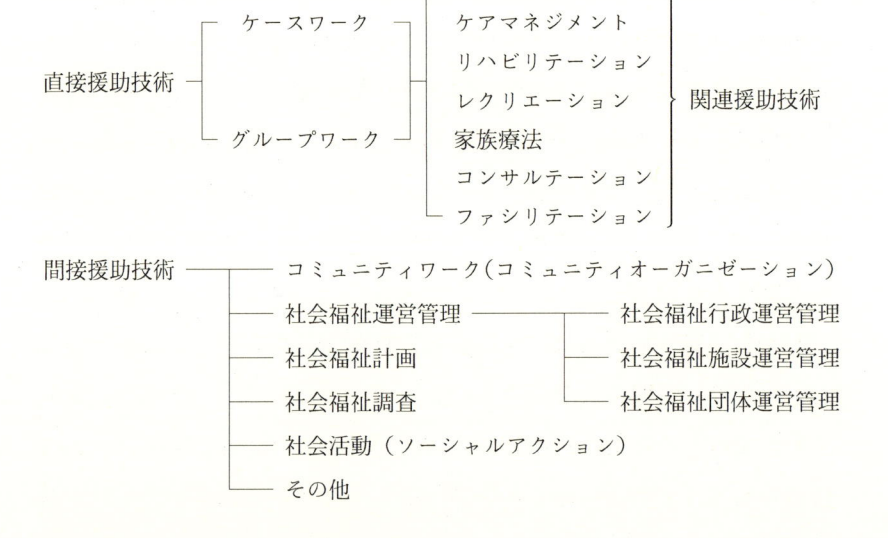

```
                    ┌─ ケースワーク ─┐  ┌─ カウンセリング ─┐
直接援助技術 ───────┤                 ├──┤ ケアマネジメント │
                    └─ グループワーク ┘  │ リハビリテーション │
                                         │ レクリエーション   ├─ 関連援助技術
                                         │ 家族療法           │
                                         │ コンサルテーション │
                                         └─ ファシリテーション┘

間接援助技術 ─── コミュニティワーク（コミュニティオーガニゼーション）
             ├── 社会福祉運営管理 ──┬── 社会福祉行政運営管理
             ├── 社会福祉計画       ├── 社会福祉施設運営管理
             ├── 社会福祉調査       └── 社会福祉団体運営管理
             ├── 社会活動（ソーシャルアクション）
             └── その他
```

注意しなくてはならないことは，児童福祉（社会福祉）の援助技術とは医療行為のような特別なものではなく，こうしたいわば日常的な生活や人間関係のなかでの意図的な働きかけ，かかわりの総体としてあるものであるということの理解である。問題解決自体は児童（家族）の自己決定，自己洞察が基本になることから，困難な状況に応じてその判断を助けるように生活に結び付いた適切で具体的な援助が必要となることは言うまでもないことである。

(2) ケースワークとグループワーク

直接援助技術は，対象者に直接に働きかけて問題解決をはかろうとする方法である。多くの方法があるが，ここではその代表であるケースワークとグループワークについてだけ簡単にふれたい。

《ケースワーク》

ケースワークは，その理論的体系者でケースワークの母とよばれるメアリー・リッチモンド（Richmond, M.）によれば，「人とその社会環境の間に，個別的に，意識的にもたらされる調整を通じて，パーソナリティの発達を図る諸過程」とされるものである。今日，その具体的な方法原理には機能主義，診断主義，行動療法などその心理臨床的な立場の違いで多様なものがあるが，リッチモンド自身は生活や環境のその人への与える影響の大きさを重視した福祉的立場であった。

ケースワークの援助過程と原則は次のようなものである。実際の具体的な事例を用いて説明したい。

〈援助過程と原則〉

A高校3年に在学している良子が6月のある日の放課後，職員室の担任に相談に来た。良子は母子家庭で日頃は明るく，授業も熱心に受けていた生徒であるが，3年生になってからは時々休みがあり，最近一週間は学校に来て

いなかった。担任は気にしており，来週にでも家庭訪問をしようかなと思っていたところだった。良子は担任の前の椅子に腰掛けるやいなやいきなり学校をやめたいと言った。理由をきくと母親が病気になり，かわりに働かなくてはならないからだという。学校の授業料も滞納しており，友人にも何人かにお金を借りているので学校に来るのがいやになってしまったと言った。担任は3年生でもあり，あとわずかで卒業だから，なんとかならないかと思ったが，アルバイトを禁止している高校でもあるので，良い方法が思いつかなかった。そのために良子に了解をとって大学時代の友人でA市の福祉事務所に勤務するBソーシャルワーカーに連絡した。

ソーシャルワーカーはすぐに来てくれて，良子の話をきき，本当は良子は学校をできれば続けたいという気持ちであることを理解した。その気持ちに応えるためにワーカーは良子に学校を続けるためには生活保護を受給するという方法があることを教え，その手続きについても説明した。良子は自宅に帰り，母親にそのことを話した。しかし，母親は人様の世話になるのは嫌だし恥ずかしいといって，余計なことしないでくれと怒り，良子に学校をやめて働いてほしいと懇願した。良子は困ってしまい，数日してから市のBワーカーに直接連絡した。ワーカーは良子の家にすぐ来てくれた。母親からこれまでの生活と病気の様子を聞き，部屋の様子から保護が必要な家庭と判断した。良子の母親に生活保護制度の意味や，その制度の利用方法についての説明をし，良子のためにも保護の受給を勧めた。母親は始めは否定的であったが，やがてワーカーの親身な切実な話し方に次第に耳を傾けるようになり，良子がかわいそうだと泣いた。そして最後は自分の方から保護を受けることの方が良いと思うのでよろしくお願いしますと言った。良子は母親と一緒に暮らしながら学校を続けることができるようになり，夏休み明けには就職も決まり，無事卒業にこぎつけた。明るい良子は職場でも皆にかわいがられている。良子の母親も安心したのか良子が勤めに出るようになってまもなく病気が回復し働けるようになった。

この援助事例からケースワークの援助過程をみると，ワーカーは，①良子の話をきき，良子の本当の願いを知り，なんとか学校を続けさせてやりたいと思った＝インテーク，②良子と話したり家庭訪問をすることでその家庭や学校の状況を確かめながら＝ケーススタディ，③生活保護制度を利用したくないという母親の気持ちを受け止めながら，制度の本来の趣旨や，今後の生活の立て直しや良子の気持ちを理解してやることの必要性を母親に納得させ＝アセスメント，④制度の利用

にこぎつけさせた＝社会治療，⑤そして１年後には楽しそうに働いている良子を確認している＝評価，の典型的な過程をたどっていることがわかる。

また，このケースからバイスティック（Biesteck, F.）の７原則といわれる専門的なケースワークの原則を確認すると，相談者の話にじっくり耳を傾け一人ひとりの問題状況を明らかにする（個別化），母親や良子のつらい気持ちを理解する（受容），余計なことをするなと言われたことにも腹を立てず（統制された情緒的関与），保護は恥ずかしいから受けたくないという母親の気持を理解する（非審判的態度），一緒に親身になって話を聞いてやることで母親は自分の心の中を出し，涙も見せる（意図的な感情表出），説明に納得し，最後は自分の判断で解決方法を選ばせる（自己決定），援助の過程で知り得た秘密は漏らさない（秘密保持）などが行われていることが確認できる。

社会福祉現場における援助過程は上例のようにいつもうまくいくとは限らないが，ワーカーとサービス利用者の関係は，平等な関係であり，権威主義的にワーカーの意見に従わせるのではないこと，解決には時間がかかることも多いことを承知しておかなければならない。

《グループワーク》

グループワークは一般に，２〜10人程度の小集団を活用して行われる複数の個人に対する同時的援助である。援助者（グループワーカー）と集団のメンバーとの関係や，メンバー相互間の集団力学的関係，グループ・プログラム活動などの経験などにより，集団の個々のメンバーの人格の変容をはかり集団への適応力を高めることを目的とする。

グループワークは19世紀からのイギリスのセツルメント活動や，アメリカの社会教育分野でのYMCA，YWCAなどのボーイ（ガール）スカウトなどの集団活動から発展してきたものである。

グループワークの理論的大成者であるジゼラ・コノプカ（Konopka, G.）の『児童治療グループワーク』(1949)によれば、「ソーシャル・グループワークとは、ソーシャルワークのひとつの方法であり、意図的なグループ経験を通じて、個人の社会的に機能する力を高め、また個人、集団、地域社会の諸課題に、より効果的に対処しうるよう、援助するものである」としている。グループワークの定義は先にみたケースワークの概念にかなり近いものであることがわかる。

〈援助過程と原則〉

　新潟県の日本海に面したN市の高台にA児童養護施設はある。定員は50人、現在の入所児童は3歳児から高校生までで、47人である。就学前児童が6人、小学生が23人、中学生15人、高校生3人である。兄弟入所も4組ある。施設長は長く児童指導員を勤めて、現在の職について3年目である。施設の子どもたちの生活をできるだけ家庭的にすること、子どもたちに自信を持って毎日をすごすようにさせたいと考え、さまざまな改革にとりくんできた。グループホームも敷地の隣家を購入して開始している。子どもたちにやればできるという自信を持ってもらうために、毎年夏休みを利用して、長期キャンプや国内サイクリングなどにも取り組んでいる。
　4月になり、施設内の定例の月例子ども会議が行われ、いつもはあまり発言しない宏（中学3年生）から今年の夏休み活動として、海外でのキャンプの希望が出された。宏はこの施設で生活をするようになり5年目の児童であるが、これまでの国内キャンプには1度しか参加したことはない。施設長は他の児童の反応を観察したが、あまりに突然のことであったので、他の児童は誰も何も言わなかった。もう少し時間をかけて検討することにしてその日は終了した。会議が終わり施設長は、宏を呼んで、なぜ海外キャンプをする気になったかをたずねた。宏は最初なかなか話したがらなかったが、やっと話した事情は、同じクラスの中学を終了してアメリカの高校に行く予定の生徒に馬鹿にされたことを話した。施設長はN市の海外派遣制度が利用できることを考え、宏に本当にその気があったらきちんと企画することを提案した。
　宏はそれから行きたいと考えていたスイスの資料を集め、毎週の会議などで、その内容を提案した。初めは誰も本気にしていなかったが、やがてリーダー役の信一が協力するようになり、賛同する者も急激に増えた。子どもたちの中に自然に役割分担ができ、希望がまとまり、企画書が施設長に提出された。施設長はN市の姉妹都市がスイスにあることから市長にも相談した。市長はさまざまな後援を約束し、市のメッセージを宏に持って行ってくれる

> ように依頼した。宏たちは皆，毎月の小遣いをためて，諸経費の足しにしたいというようになり実際にそうした。施設の中ではボランティアの手も借りて，スイスについての勉強やキャンプ訓練が行われた。
> 　やがて出発日が来た。子どもたち16人と施設長，職員，看護婦などスタッフ4人が一緒に出発した。スイスの子どもたちとの交流ははじめは緊張感が見られたが，すぐに楽しそうに交歓する輪があちこちでできてきた。数日後の宏がスイス市長にメッセージを渡す態度は実に堂々としていた。その様子が翌日の地元新聞に掲載され，皆で大喜びした。10日間のキャンプ生活は完全に子ども中心に行われ，スタッフにはほとんど出番はなかった。キャンプ中の子どもたちの様子は皆，伸び伸びと自主的に働き，施設で見せる様子とは全く違ったものだった。国内ではどうしても「施設の子」という目で周りから見られていることがその原因であることを施設長は理解した。スイスから帰国した子どもたちは，何かが変わったように，生活に落ち着きが出てきた。宏ももう友達のことなど全く気にならなくなり，受験勉強に精を出しはじめた。

　この援助の過程は，基本的にはケースワークと同様である。①サービス利用者との出会いがあり，②サービス利用者の抱える問題，発達課題について診断し，③処遇計画＝プログラムとしての海外でのキャンプ活動を企画し，④集団を結成し，海外キャンプを実施することで，⑤集団の成長，発達をはかり，その過程で個人の問題の解決をするという援助方法である。この事例では宏の治療教育にあたり，診断主義的な判断と行動療法がミックスして展開されている。

　グループワークの援助原則は一般に，①グループの結成，②発展，③停滞，④解散という流れの中で行われる。この事例では，宏の提案を取り上げる（個別化），グループへの働きかけや子どもたちの中から自然に役割分担ができ，グループ活動が盛り上がっていく（自主的参加），海外キャンプの実施（処遇），経費が足りない中で小遣いを貯めるなどの自主的活動（制限的状況の克服），スイスの市長にメッセージを渡すなどの困難な課題への挑戦（葛藤解決），宏や子どもたちが帰国後，自信と目的をもって生活するようになった（評価，効果測定）

という原則が確認できる。

　グループワーク活動は，この施設例のように，その成功の鍵はプログラム内容をどうするかにかなり比重がかかっている。サービス利用者（参加者）の能力，適性，興味などをワーカーが十分把握しておくことが必要であり，さらには，ワーカーはレクリエーションやキャンプ，グループディスカッションなどの技術に精通していることが望ましい。また，グループの形成はできるだけ自主的に行われ，参加することも脱退することも自由な雰囲気を保つように援助することがポイントである。グループのまとまりをつくることが目的とならないように気をつけたい。

第二部　児童福祉の今日的課題

第5章

地域における子育て支援

第1節　地域における子育て支援の必要性とその広がり

(1)　地域における子育て支援の必要性と内容

　「地域における子育て支援」の意味は，一般的には，「子育てを家庭の責任だけにまかせるのではなく，社会的な育児支援を地域で行うこと」として理解されている。第2章でみたように，就労支援以外のそうした子育て支援施策がとられるようになったのは1989年のいわゆる1.57ショック以後のことであり，以来今日まで，国は2度にわたる「エンゼルプラン」や2005年度からの「子ども・子育て応援プラン」などにより，少子化対策の視点からの「地域における子育て支援」策の強化を図ってきた。

　しかし，急速に拡大している「地域における子育て支援」活動も，その概念については必ずしも共通理解があるわけではない。その目的や対象，さらには内容や方法の理解も人によってまちまちである。本章では「地域における子育て支援」を，「地域子育て支援」あるいは「地域・家庭子育て支援」と一般にいわれているものとをまとめて表現するものとした。

　「地域における子育て支援」の必要性が近年盛んに言われるようになった背景には，少子化，核家族化，都市化の進展に伴い，祖父母同居世帯も減り，子育て体験の世代間継承がなされないままに親になっ

ている世帯が増えていることがある。また，従来あった地縁・血縁的な自然な助け合いの人間関係が失われ地域から孤立した子育てを余儀なくされている家庭が増えているという事情もある。さらには女性の家庭外での就労が一般化し，長い間当然とされてきた男女の性別役割分業体制にもとづく家庭養育機能が急速に変化してきたという理由もある。第1章でも述べたように，地域・家庭での育児力の低下に対処するために，旧来の地縁的・血縁的関係ではない地域社会での新たな社会的な子育て支援機能や人間関係の再構築が求められるようになってきたのである。

しかも問題は，こうしたことの背景が，母親が家庭外で就労しているか，家庭に専業主婦がいるかの別を問わず共通していることである。というよりもむしろ，図表5―1にみるように，子育ての負担感は，共働き家庭よりも専業主婦家庭の方が大きい傾向にある。同様な傾向は，「子育てに自信がもてなくなる率」調査などにも認められ，専業主婦家庭が共働き家庭よりも子育ての不安感がかなり高いことが示されている。

こうした調査結果は，共働き家庭には身近に支援，相談にのってもらえる施設として保育所があるが，自分一人で子育てしなければならない家庭にはそれに代わる施設サービスがほとんど無いわが国の現状を反映しているように思われる。虐待のリスク要因のひとつになる子育ての負担感や不安感の軽減をはかる「地域における子育て支援」という視点は，地域から孤立したなかで家庭だけで子育てしている家庭にとりわけ強く望まれているものである。

「地域における子育て支援」の社会的な必要性をまた別の角度から見たものが図5―2である。図は就学前の子どものいる家庭の保育がどのように行われているかを示すものであるが，3歳未満の低年齢児

では8割以上の約300万人が，就学前全体でも半数強の約350万人の子どもたちは保育所にも幼稚園にもどこにも通っていないのが現状である。不安感の強いこうした一般家庭を対象にした「地域における子育て支援」を行うことは，社会的な公平性を保つ上からも，また社会防衛的な視点からも求められなければならないものである。

　これらの大きな目的を持つ「地域における子育て支援」を，その内容や方法から分類すると，図表5－3のように，①子育て基盤の強化，②就労支援機能の強化，③子育ての地域化・共同化の3つの柱に大別できる。このなか，①は全ての子育て中の家庭が，②は主として共働き家庭が，③は主として専業主婦のいる家庭が対象と分けて考えることができよう。

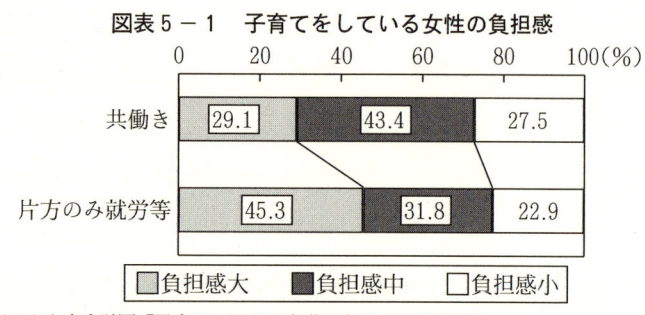

図表5－1　子育てをしている女性の負担感

	負担感大	負担感中	負担感小
共働き	29.1	43.4	27.5
片方のみ就労等	45.3	31.8	22.9

資料）㈶こども未来財団「子育てに関する意識調査」（平成12年）
注）　子育ての負担感については，①〜⑨の各項目に対する回答を得点化して集計し，大，中，小に分類した。
　① 子どもの世話で肉体的に疲れる
　② 子どもにかかりきりで，時間的な余裕がない
　③ 子どもと向き合っていなければならず，気が休まらない
　④ 子どもがいるために，趣味等を気軽に楽しめない
　⑤ 親同士のつきあいや人間関係がわずらわしい
　⑥ 配偶者等が子育ての大変さを理解してくれない
　⑦ 子育てについて相談する相手がいない
　⑧ 自分や配偶者等の親や親戚の口出しが多い
　⑨ 子どもにかかる金銭的な負担が大きい
出所）雇用均等・児童家庭局編『女性労働白書』（平成13年版），p.74

図表 5 − 2　就学前の子どもの保育の状況

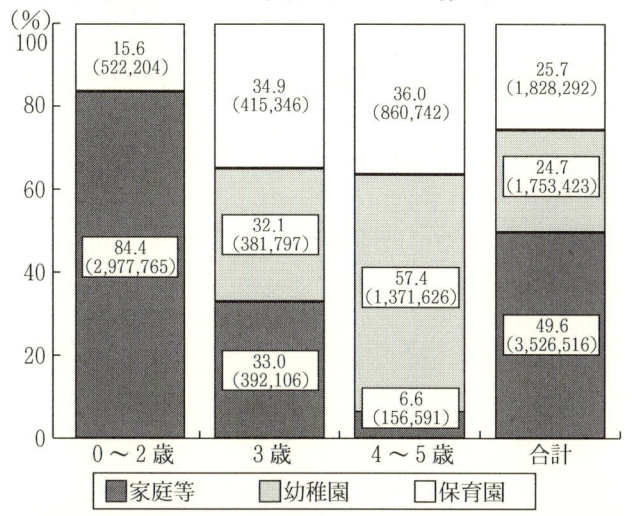

	0～2歳	3歳	4～5歳	合計
家庭等	84.4 (2,977,765)	33.0 (392,106)	6.6 (156,591)	49.6 (3,526,516)
幼稚園	—	32.1 (381,797)	57.4 (1,371,626)	24.7 (1,753,423)
保育園	15.6 (522,204)	34.9 (415,346)	36.0 (860,742)	25.7 (1,828,292)

備考）1．「保育所利用児童数」は厚生労働省調べ（2001年4月1日現在），「幼稚園児数」は文部科学省「学校基本調査」（2001年，2001年5月1日現在），「家庭等の児童数」は総務省「国勢調査」（2000年，2000年10月1日現在）の各年齢人口から，保育所児童数および幼稚園児数を除いて求めた。
　　　2．図中の数値は該当年齢における割合，（　）内の数値は児童数（単位：人）
　　　3．0～2歳については，幼稚園児はいない。
出所）内閣府編『国民生活白書』（平成13年版），p.80

図表 5 − 3　地域における子育て支援の内容

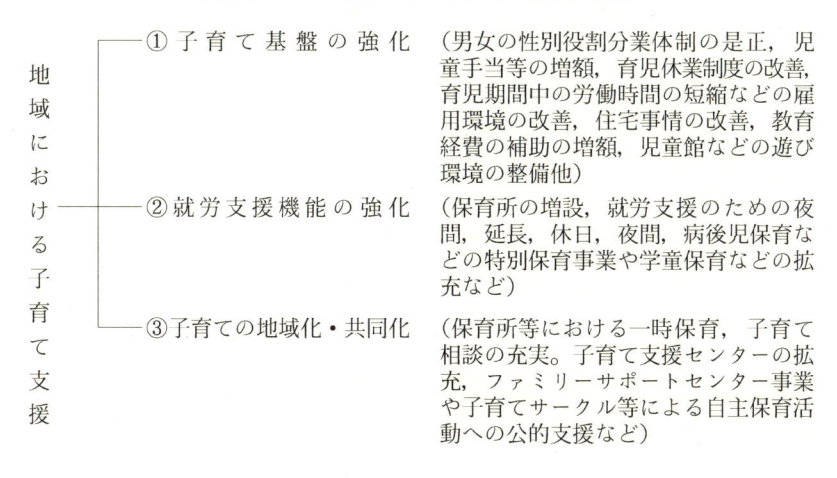

地域における子育て支援	①子育て基盤の強化	（男女の性別役割分業体制の是正，児童手当等の増額，育児休業制度の改善，育児期間中の労働時間の短縮などの雇用環境の改善，住宅事情の改善，教育経費の補助の増額，児童館などの遊び環境の整備他）
	②就労支援機能の強化	（保育所の増設，就労支援のための夜間，延長，休日，夜間，病後児保育などの特別保育事業や学童保育などの拡充など）
	③子育ての地域化・共同化	（保育所等における一時保育，子育て相談の充実。子育て支援センターの拡充，ファミリーサポートセンター事業や子育てサークル等による自主保育活動への公的支援など）

第二部　児童福祉の今日的課題

今日,「地域における子育て支援」は,地域における子育て支援のセーフティーネット（安全網）として,できるだけ多様な家庭事情に対応できるように,すべての家庭を対象としたものとしてできるだけ細かくはりめぐらすことが望まれているものである。

(2) 保育所や児童館での地域子育て支援
《保育所での子育て支援》

1997年の児童福祉法の改正以後,その第48条の二において,保育所は地域の住民への情報提供に並べて,「その行う保育に支障がない限りにおいて,乳児,幼児等の保育に関する相談に応じ,及び助言を行うよう努めなければならない」とされ,地域の子育て中の一般家庭を対象に保育所がその機能の一部を提供することが法的にも求められるようになった。もちろん,こうした法改正以前にも,ベビーホテル問題への対応が社会的な課題となった1980年代のはじめの頃から,保育所の一部では一般家庭を対象にした電話相談や園庭開放などを独自に行っていたところもある。しかし,本格的な保育所機能の地域開放ということでは,1990年度から「特別保育事業」のひとつとして始められた「一時保育制度」が最初のものである。

一時保育制度は,当初は保護者の病気などの緊急時や週3日程度の不定形就労などへの対応を目的としたものであったが,1996年度からは育児疲れなど私的な理由でも利用が認められるようになり利用者が増大した。一時保育は「エンゼルプラン」の開始された1994年度では全国に387ヵ所しかなかったものが,2000年度では1,700ヵ所となりさらに新エンゼルプランの2004年度までに3,000ヵ所の設置が目標とされていた（その施設数は,すでに2001年度で超えた）ものである。

一時保育に加えて，子育て中の一般家庭への対応で最も重要なものは，1995年度からの「緊急保育対策等5か年事業」の中でとりあげられた「地域子育て支援センター」の設置であろう。子育て支援センターの設置数は1994年度では全国でわずか118ヵ所であったが，2004年度では2,783ヵ所にまで拡大している。

　地域子育て支援センターは，地域の子育て中の家庭への支援活動の企画，調整，実施を専門に担当するもので，保育所に併設された施設が大半であるが，市町村によっては独立した建物と職員によって運営しているところもある。専従職員が一人の小規模型指定施設と，地域子育て指導者とその補助者の計二人の専従スタッフが置かれた一般施設の2種類に分けられる。

　その事業内容は厚生労働省の「実施要項」では，（1）育児不安等の相談，（2）子育てサークルの育成・支援，（3）特別保育事業等の積極的実施と普及，（4）ベビーシッターなど地域の保育資源の情報提供，（5）家庭保育を行うものへの支援など5点が定められている。

　実際の地域子育て支援センターの活動をみると特徴のあるさまざまなものがあるが，その活動内容や機能から類別すると，図表5-4のように，①遊びの場，②交流・仲間づくりの場，③相談・助言の場，④情報提供の場，⑤ボランティアや実習生を受け入れる学習の場などの5つの場に分けて考えることができる。すべての地域子育て支援センターにこうした5種類の場（機能）があるわけではないが，多くの子育て支援センターに共通しているものである。

　これらのうち最も一般的な事業は，①の遊びの場であろう。そこでは地域の親子が自由にセンターに来て遊んだり，時にはセンター職員による遊びの指導を受けたり，併設されている保育所の子どもたちと一緒に楽しく遊んで過ごすことのできる場となる。「保育に欠けない」

図表5－4　地域子育て支援センターの機能（活動の場）

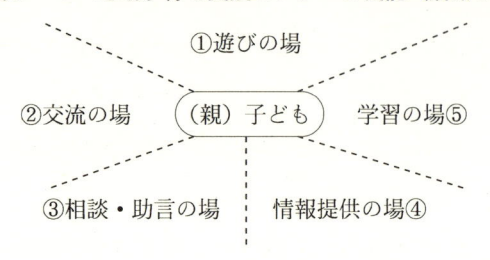

```
              ①遊びの場
②交流の場   （親）子ども   学習の場⑤
           
        ③相談・助言の場   情報提供の場④
```

　子どもでも気楽に来れ，他の子どもたちと遊ぶことを保障するこの機能は，子どもには親から離れて自由に遊べる時間と仲間関係の広がりを，親には育児リフレッシュの時間を与え，自分の子以外の子どもたちの遊びをみることで子育ての視野が広がり，育児への余裕が生まれることが期待されるものである。

　②の交流・仲間づくりの場は，保護者同士，保育者と保護者，近隣の高齢者と子どもたちなどさまざまなバリエーションが考えられる。「実施要項」で求められている子育てサークルの育成・支援活動もここに含まれる。児童相談所にわざわざ行くまでもないような悩みや不安を抱える保護者同士が，気楽におしゃべりを楽しみ，時には愚痴を言い合う中で悩みを軽減したり，仲間づくりをする過程で子育て不安等を解消する効果が期待されるものである。

　③の子育て相談・助言機能は「要項」に求められているものであるが，現在は比較的簡単な児童の育成にかかわる相談ケースへの対応が主である。深刻な問題を抱えた家族への「家族療法」の場としての役割も将来的には期待されているが，現状ではそうしたケースの多くは児童相談所などの他の専門機関との連携・協力による解決に委ねられている。

　④の情報提供の場は育児に関するさまざまな情報の提供を行うものである。「要項」にあるベビーシッターや他の専門機関の紹介もその

ひとつであり，ホームページの立ち上げやインターネットでのさまざまな保育情報の提供，絵本やビデオの貸し出し，子ども用品の交換会やリサイクルなどを行っているところもある。隣接の保育所で行う「保育所地域活動事業」の育児講座や講演会活動などを共同で実施しているところもある。

⑤の学習の場は，さまざまなボランティアや保育体験を希望する学生，生徒等の受け入れである。ボランティアの受け入れは保育所の地域開放の促進や，保育士と子ども以外の豊かな人間関係を保育所内に実現するために今日では全ての保育所に期待されているものである。その活動のねらいは子どもや子育て家庭への理解者を増やし，ひいては児童福祉の裾野を広げることにある。学習の場としてはセンターにおもちゃ図書館や絵本の読み聞かせなどの専門スタッフやボランティアをおいてその機能を特別に強化しているところもある。参加するボランティアにとっては保育所が生涯教育の場ともなる。

《児童館での子育て支援》

児童館は児童遊園と並んで，児童福祉法第40条で「児童に健全な遊びを与えて，その健康を増進し，又は情操を豊かにすることを目的とする施設」と規定されている児童福祉施設である。児童の健全育成のために児童厚生施設には児童の遊びを指導する者をおかなければならないとされ，児童館には集会室や遊戯室，図書室などの設備がなければならないものとされている。

児童館のその主な役割は，（1）乳幼児期の親子を中心にした遊び援助や育児相談などの児童・家庭支援，（2）放課後児童クラブ（放課後児童健全育成事業，いわゆる学童保育）や中・高校生へのクラブ活動指導などの児童健全育成事業，（3）母親クラブや父親クラブ，子育てサークルなどの地域組織化事業などである。また地域によって

は，保育所不足を補うために今日でも保育所機能を中心に運営されているところもある。

　児童館における子育て支援施設としての特徴は，保育所とは異なり，保護者の就労の有無にかかわらず，①地域の子育て中の家庭の誰もがいつでも自由に利用できる施設であること，②その数が比較的多く地域の身近な施設であること（2002年10月現在で全国に4,611館設置），③専任職員が最低二人以上いる安全な公的施設であることなどである。

　児童館の多くでは，就学前のどこにも通っていない3歳未満児を持つ母親を対象に1回1時間程度，週に何回かの遊び活動を行ったり，子育てサークルへの支援活動等を行っている。児童館の活動と役割は先に述べた保育所の地域子育て支援センターと重なる部分も多く，地域における子育て支援施設としての機能の一層の強化が課題となっている。

第2節　子育てサークル活動と次世代育成支援対策行動計画

(1)　子育てサークル活動

　子育て中の家庭が孤立感を強めるのに比例して，親子を対象にした子育てサークル（親子サークル等）の動きが近年活発になっている。子育てサークルの活動内容は一般には親子を対象にした遊びが中心であるが，それだけでなくサークルのなかには，一時保育，延長保育や休日保育などの保育所ニーズの補完，子育ての学習会や相談，交流・ネットワーク活動，子育て関連施設の運営，子育てに関する調査活動，子育て情報誌の発行，親子劇場などの文化活動，子育てサポーターの育成など多彩な活動を行っているところもある。

　その会員規模も数人から千人以上まで，会員の構成も同じ市町村域

に限定されているものから全国規模のものまである。財源についても行政からの援助や会費制度によるもの，利用者からの利用料を主体とするものなどさまざまである。活動回数も年間に1回程度から週に数回あるもの，活動場所も公民館，地域集会室，公園，図書館，保健センター，児童館，小学校の空き教室，会員の家など一定していないところが多い。サークルによっては専用の集会場所を確保していないため，その活動場所の確保に苦労しており，近年では人口のドーナツ化現象で閉店した駅前商店街の空き店舗などを借りているところもある。

運営主体も必ずしも子育て中の母親ばかりではなく，子育て経験を有する者の参加も多く，子育てサークルの構成メンバーも現役の母親世代ばかりでないところも多い。毎回の運営自体も交替で行うところ，特定のリーダーが中心のところなどさまざまである。

これらの多様な子育てサークルに共通した要件をあえて求めれば，①何らかの意味で子どもとその親に焦点をあてた活動であること，②行政の下請けではなく自律した市民活動であること，③営利目的や政治，宗教活動ではないことなどである（ただし営利目的ではないが，子育て支援を目的としたNPO団体の場合には，相応の活動収益をあげることを前提としているものもある）。

子育てサークルに加入した理由は図表5—5にみる通りである。最も多い理由は「子どもを集団になれさせたかったから」（70.6％）であり，ついで「遊び場を探したかったから」（48.6％）となっている。図からは，「ストレスを発散させたかったから」（30.6％），「自分の子どもと常に一緒で精神的に煮詰まっていたから」（13.7％）と，子どもを抱える家庭の育児ストレスの強いことをうかがわせる結果も示されている。

図表5－5　子育てサークルに加入した理由

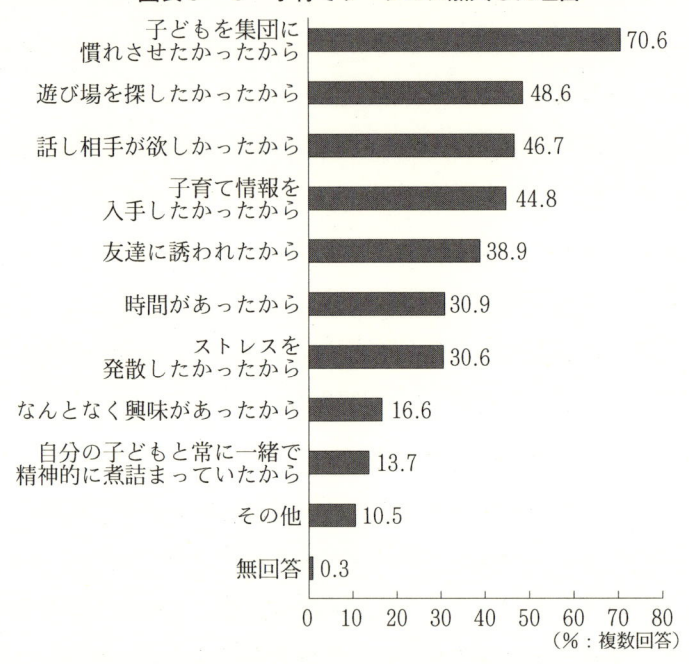

- 子どもを集団に慣れさせたかったから　70.6
- 遊び場を探したかったから　48.6
- 話し相手が欲しかったから　46.7
- 子育て情報を入手したかったから　44.8
- 友達に誘われたから　38.9
- 時間があったから　30.9
- ストレスを発散したかったから　30.6
- なんとなく興味があったから　16.6
- 自分の子どもと常に一緒で精神的に煮詰まっていたから　13.7
- その他　10.5
- 無回答　0.3

（％：複数回答）

備考）1．子育てサークル研究会「子育てサークルの活動に関する調査」（2001年）により作成。
　　　2．「育児サークル加入の理由は何ですか。あてはまる番号にすべて○をつけてください。」という問に対する回答者の割合（複数回答）。
　　　3．回答者は，全国の子育てサークルに加入しているメンバー2,195人。
出所）内閣府編『国民生活白書』（平成13年版），p.89

　こうした結果に示唆されるように，子育てサークルに参加する効用としては，一般に下記のような5点のものが考えられる。

①子どもに友達ができ，遊びが広がる
②親に話相手ができ育児ストレスの軽減ができる
③遊びや会話を通じて子育ての多様な情報が入手でき，子育ての視野が広がる
④子育ての技術やコミュニケーション能力がアップする
⑤子育て中の社会参加になる

　こうした大きな効用を持つ子育てサークルであるが，その参加者総

数については，幼稚園にも保育所にもどこにも行ってない就学前の親子を主とした対象としている性格上，保育所入所などによりその必要がなくなってしまったり，サークルの中心的なリーダーがやめてしまうと自然消滅してしまう場合も多いので正確な把握は難しい。

全国的な統計では，小児保健協会「平成12年度幼児健康調査」では未就学の児童を持つ母親の14％が子育てサークルに参加しているとされている（内閣府編『国民生活白書』（平成13年版），p.88）。この率を先の図表5—2の3歳未満児のどこにも通っていない人数，約300万人に乗ずれば，控え目に見積もっても全国で40万人程度の参加者数があることになる。一般に子育てサークルは10人～20人程度のものが多いので，サークル数にすれば1万あるいはそれ以上という規模が推測される。

子育てサークルは，先に述べた子育て支援センターや保育所の一時保育の利用の場合とはまた異った効果が期待されるものである。子育てサークルによる子育て支援活動は子育て支援センターなどの施設を利用する場合と異なり，子育て支援を一方的に受けるだけではなく，時には支えるという相互扶助的な関係が根底にあるからである。子育てサークルへの参加者の多くはその活動に生きがいを感じ，自分の居場所を発見し新しい仲間を得ている。それが故にこうしたサークルが今日全国にほとんど無数といってよいほど生まれているのであろう。

子育てサークルについてはカナダやニュージーランドなどの活発な活動例がわが国でも近年紹介され注目されているが（『国民生活白書』（平成13年版），p.91），わが国のそれもすでに全国的な集会などを開くまでに成長しており，育児期の女性の新しい社会参加，当事者参加の一形態とも高く評価できるものである。

(2)「次世代育成支援対策行動計画」と地域における子育て支援

　2005年4月から、5年計画の新たな児童の育成計画として、「子ども・子育て応援プラン」がスタートした。それは過去2回にわたり実施した「エンゼルプラン」に代わるものであることは第2章末で述べた通りである。「子ども・子育て応援プラン」は、2003年度に成立した「少子化社会対策基本法」と、同法にもとづく実施のため4つの重点施策と具体的な28項目の行動を内容とした「少子化社会対策大綱」の具現化を目的としたものである。また、それは従来の「エンゼルプラン」の継続である側面をもつものなので新たな総合的な少子化対策である（少子化社会対策大綱は本書末の参考資料を参照のこと）。

　「子ども・子育て応援プラン」は図表5―6ような柱を有するものであるが、ここには従来はあまり重視されなかった子育て支援の方向性がある。その柱は、①「若者の自立とたくましい子どもの育ち」、②「仕事と家庭の両立支援と働きかたの見直し」、③「生命の大切さ、家庭の役割についての理解」、④「子育ての新たな支え合いと連帯」の4点である。2番目の柱の保育サービスの拡大がほとんどであったこれまでの2回のエンゼルプランと比べて、他の3つの柱、とりわけ①は従来の母親対策を超えた新しいものと評価できよう。

　「子ども・子育て応援プラン」には各市町村のニーズ調査の実施にもとづき、整備目標数値が求められたものとして保育サービスに関連した特定14事業がある。14事業は具体的には、①通常保育事業、②延長保育事業、③夜間保育事業、④休日保育事業、⑤放課後児童クラブ事業、⑥一時保育事業、⑦病後児保育（施設型）、⑧病後児保育（派遣型）、⑨ファミリーサポートセンター事業、⑩つどいの広場事業、⑪地域子育て支援事業、⑫ショートステイ、⑬トワイライトステイ事業、⑭特定保育事業である。各地方自治体では、2004年度中に策定

図表 5-6　子ども・子育て応援プランの概要

- 少子化社会対策大綱（平成16年6月4日閣議決定）の掲げる4つの重点課題に沿って，平成21年度までの5年間に講ずる具体的な施策内容と目標を提示
- 「子どもが健康に育つ社会」「子どもを生み，育てることに喜びを感じることのできる社会」への転換がどのように進んでいるのかが分かるよう，概ね10年後を展望した「目指すべき社会の姿」を掲げ，それに向けて，内容や効果を評価しながら，この5年間に施策を重点的に実施

【4つの重点課題】	【平成21年度までの5年間に講ずる施策と目標（例）】	【目指すべき社会の姿（例）】
若者の自立とたくましい子どもの育ち	○若年者試用（トライアル）雇用の積極的活用 ○全国の小・中・高等学校において一定期間のまとまった体験活動の実施	○若者が意欲を持って就業し経済的にも自立 ［若年失業者等の増加傾向を転換］ ○各種体験活動機会が充実し，多くの子どもがさまざまな体験を持つことができる
仕事と家庭の両立支援と働き方の見直し	○企業の行動計画の策定・実施の支援と好事例の普及 ○個々人の生活等に配慮した労働時間の設定改善に向けた労使の自主的取組の推進，仕事と生活の調和キャンペーンの推進	○希望する者すべてが安心して育児休業等を取得 ［育児休業取得率　男性10%，女性80%］ ○男性も家庭でしっかりと子どもに向き合う時間が持てる［育児期の男性の育児等の時間が他の先進国並みに］ ○働き方を見直し，多様な人材の効果的な育成活用により，労働生産性が上昇し，育児期にある男女の長時間労働が是正
生命の大切さ，家庭の役割等についての理解	○保育所，児童館，保健センター等において中・高校生が乳幼児とふれあう機会を提供 ○全国の中・高等学校において，子育て理解教育を推進	○多くの若者が子育てに肯定的な（「子どもはかわいい」，「子育てで自分も成長」）イメージを持てる
子育ての新たな支え合いと連帯	○地域の子育て支援の拠点づくり（市町村の行動計画目標の実現） ○待機児童ゼロ作戦のさらなる展開（待機児童が多い95市町村における重点的な整備） ○児童虐待防止ネットワークの設置 ○子育てバリアフリーの推進（建築物，公共交通機関及び公共施設等の段差解消，バリアフリーマップの作成）	○全国どこでも歩いていける場所で気兼ねなく親子で集まって相談や交流ができる ○全国どこでも保育サービスが利用できる［待機児童が50人以上いる市町村をなくす］ ○児童虐待で子どもが命を落とすことがない社会をつくる［児童虐待死の撲滅を目指す］ ○妊産婦や乳幼児連れの人が安心して外出できる［不安なく外出できると感じる人の割合の増加］

が義務付けられた「次世代育成支援対策行動計画」の中においてこれらの保育サービスについては原則として2009年度までの具体的な整備目標数値として設定することが求められたのである（数値の一部は本書第6章, 第2節参照）。

これらの保育サービスのうち, 必ずしも就労家庭だけを対象としていないものは, 一時保育事業, ファミリーサポートセンター事業, つどいの広場事業, 地域子育て支援事業, 特定保育事業などである。このうちとりわけ, 子育てサークル活動に最も密接な関連があるのがつどいの広場事業である。

つどいの広場事業は2002年度から制度化されたものであるが, その目的は厚生労働省の通知では,「主に乳幼児（0〜3歳）をもつ親とその子どもが気軽に集い, うちとけた雰囲気の中で語り合い交流を図ることや, ボランティアを活用しての育児相談などを行う場を身近な地域に設置することにより, 子育て中の親の子育てへの負担感の緩和を図り, 安心して子育て・子育ちができる環境を整備し, もって, 地域の子育て支援機能の充実を図ることを目的とする」とされている。

開設場所は近隣の公共施設のスペースでも, そこでの商店街の空き店舗でも, マンションの一室でもよいとされている。その事業内容は先にみた保育所などが行う地域子育て支援センターとほぼ同じような内容である。週に3回以上の開設, 二人以上のアドバイザーの参加などの厳しい条件もあるが, 多くは既存の子育てサークルの活用によりカバーできる内容と思われる。2004年12月時点では全国にまだ200か所以下の設置であるが, 子育てにかかわる当事者参加の運動として今後はその数が大幅に増えることが期待されている。

地域における子育て支援の今後の大きな課題は, 子育てサークルの育成もふくめて, 市町村による支援, 実施体制をどう強化していくか

ということである。従来，わが国の地域における子育て支援サービスは，国および都道府県からの補助金を基本に，市町村の判断で実施されてきたが，人口規模や財政力の小さい市町村では必ずしも十分とりくまれてこなかった。2005年度からは，いわゆる「三位一体改革」により，これまでの国の補助金の一部は，子育て支援，「次世代育成支援対策行動計画」実施のための交付金化された。今後は従来以上に市町村の役割と裁量が大きくなったが，それらの交付金が適切に活用されるか不安も大きい。地域における子育て支援は当面するわが国の福祉課題のなかでも最も優先する課題と考えたい。

第6章

働く女性の増大と保育サービス

第1節　保育所制度の概要と役割の歴史的変化

(1) 保育所制度の概要

　保育所は「児童福祉法」第7条に規定された児童福祉施設の一種であり，その設置目的は同法第39条で「日日保護者の委託を受けて，保育に欠けるその乳児又は幼児を保育することを目的とする施設とする。②保育所は，前項の規定にかかわらず，特に必要があるときは，日日保護者の委託を受けて，保育に欠けるその他の児童を保育することができる」とされているものである。この②項については，放課後児童健全育成事業，いわゆる放課後児童クラブ（学童保育）についての規定と理解されているものである。

　また児童福祉法第24条は，「市町村は，保護者の労働又は疾病その他の政令で定める基準に従い条例で定める事由により，その監護すべき乳児，幼児又は第39条第二項に規定する児童の保育に欠けるところがある場合において，保護者から申し込みがあったときは，それらの児童を保育所において保育しなければならない。ただし，付近に保育所がない等やむを得ない事由があるときは，その他の適切な保護をしなければならない」とし，「保育に欠ける」児童に対する市町村による保育の公的責任が明示されている。

　「保育に欠ける」具体的要件は，同法施行令第9条の三で，保護者

の労働や疾病，妊娠中または出産後間が無いこと，病気や障害があること，同居の家族の常時介護などの6点が定められている。いずれの要件も保護者がその子どもを保育できない直接的な事情の有無によるもので，安全な遊び場が近所にない，友達が近所にいない，家が狭いなどの社会的理由は今日でも認められていない。

　保育所の利用の仕方については，97年度までは，市町村がその入所先を決定し，保護者には保育所の選択はできない措置施設とされていた。児童福祉法改正により，98年度以後は保護者が保育所を選んで申し込みができる図表6－1のような仕組みに変更された。図表は第3章第2節でとりあげたが，再掲し，以下，図表に基づき簡単に保育所の利用の仕組みを説明する。

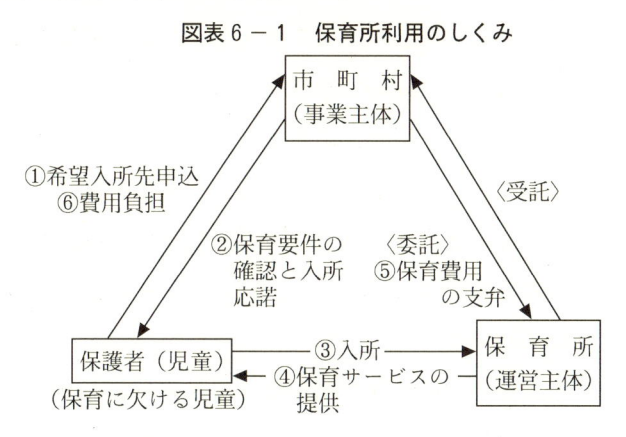

図表6－1　保育所利用のしくみ

```
                    市 町 村
                    (事業主体)
              ↗              ↘
   ①希望入所先申込              〈受託〉
   ⑥費用負担
              ②保育要件の     〈委託〉
              確認と入所      ⑤保育費用
              応諾           の支弁
              ↙              ↖
   保護者(児童)  ─③入所─→    保育所
              ←④保育サービスの    (運営主体)
   (保育に欠ける児童)  提供
```

　まず最初に，①保護者は入所を希望する保育所を経由または直接に市町村窓口に入所の申し込みをする。申し込み期間は秋の一定期間にしている市町村が多いが，年度途中でも随時できる。次に，②市町村は提出された就労証明書などにもとづき入所要件を確認し，希望と定員状況を勘案し入所先の決定を行う。定員を超える申し込みがあった場合にはあらかじめ決められている優先順位に従って調整し，それで

も不可能な場合には抽選などの方法によって入所者を決定する。さらに、③，④入所が決定した児童は、保育所で保育を受ける。⑤市町村は保育所に対して保育の実施に必要な経費（運営費）を支給する。その費用は児童の年齢や保育所の定員規模，所在する地域，専任所長の有無等々によって細かく区分された児童一人あたりにかかる月額経費である保育単価といわれるものによって，年齢別に毎月ごとの在籍している児童数に乗じて支給される。

具体的金額をみると、2004年度では最も適用地域が広い乙地域で専任の所長がいる定員が61人から90人までの保育所の場合では，月額の保育単価は乳児157,150円，1・2歳児92,860円，3歳児44,740円，4歳以上児38,320円となっている。さらに、私立保育所の場合は運営費補助のため保育単価に加えて職員の平均勤務年数に応じて4％から12％までの民間給与改善費が保育単価に上乗せされている。また，⑥市町村は保護者から保育にかかる経費の一部または全額を徴収することができるとされている。その徴収額＝保育料は，原則として前年度の所得税額にもとづき，国の精算基準額表では無料から8万円程度までの7段階に区分されている。実際には，それよりは減額して徴収している区市町村が多い。

近年、こうした運営経費の総額は国全体をとると毎年1兆円を超えている。私立保育所の運営費についてはその半額程度を保護者が所得税額に応じて負担し，残りの費用の2分の1を国が，4分の1ずつを都道府県と区市町村が負担することとされている。しかし，多くの区市町村ではそれでは不足するため実際には4分の1を超えた額を単独で負担しているのが実情である。

保育所保育の内容や施設の広さ，設備の基準，職員の人数，処遇内容などについては他の児童福祉施設と同様に、その基本は「児童福祉

施設最低基準」で定められている。また具体的な細かな保育内容や方法については，厚生労働省が定めている「保育所保育指針」にもとづきこれを参考に行うこととされている。

「保育所保育指針」は年齢別にその保育内容等を定め，保育計画の作成上の留意点などを示したものである。「保育所保育指針」は3歳以上の児童については，保育所の就学前の「教育」機関としての役割にも配慮し，保育士の行うこととしての［基礎的事項］に加えて，幼稚園教育と教育内容を共通にするために幼稚園教育要領が定める5領域（健康，人間関係，環境，言葉，表現）に対応したものとなっている。保育所保育は長い間，養護と教育が一体となって家庭教育の補完を行うものとされてきたが，今日ではさらに積極的に家庭の保育を指導し，地域の子育て支援を担うものとされている。

(2) 保育所の歴史と近年における役割期待の変化

保育所の歴史は古く，1890（明治23）年に新潟市内の私塾，新潟静修学校に付設された託児所（子守学校）の創設にまでさかのぼり，すでに120年以上が経過している。戦前における保育所は一般に託児所とよばれ，大正時代中期の米騒動事件以後，貧困対策や戦時対策の一環として設置が奨励され，全国にその数を増していったものである。

戦後も児童福祉法の施行と同時に児童福祉施設のひとつとして規定され，図表6－2のように近年では少子化の影響で一時的に利用者や施設数を減らす時期もあったが，おおむね順調にその数や利用者を増加させ現在に至っている。今日ではわが国における社会福祉施設のなかでは施設数も利用者数も一番多い地域で最も身近な施設となっている。

戦後のわが国の保育所の歴史的役割は，昭和20年代前半と40年代

図表6－2　保育所の定員数箇所数および利用児童数等推移

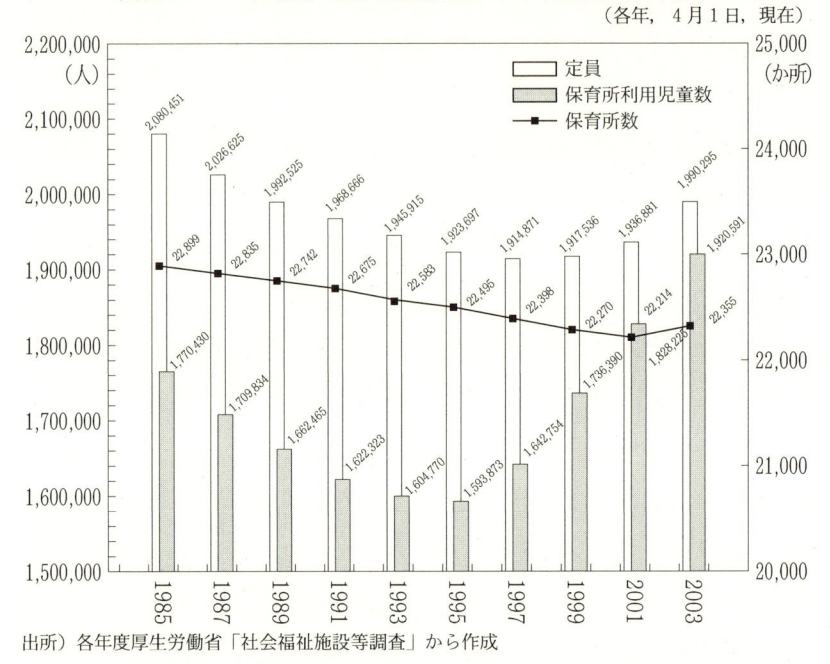

(各年，4月1日，現在)

年	定員(人)	保育所利用児童数(人)	保育所数(か所)
1985	2,080,451	1,770,430	22,899
1987	2,026,625	1,709,834	22,835
1989	1,992,525	1,662,465	22,742
1991	1,968,666	1,622,323	22,675
1993	1,945,915	1,604,770	22,583
1995	1,923,697	1,593,873	22,495
1997	1,914,871	1,642,754	22,398
1999	1,917,536	1,736,390	22,270
2001	1,936,881	1,808,229	22,214
2003	1,990,295	1,920,591	22,355

出所）各年度厚生労働省「社会福祉施設等調査」から作成

中期から後期への2回にわたるベビーブームへの量的な対応が求められる前半の時代と，多様な保育ニーズへの対応や虐待児問題に象徴されるような多問題家庭への子育て支援の強化など質的対応が重視される後半の時代と大きく2期に分けて考えることができる。現在に重なる後半の時代は，1981年前後のベビーホテル問題以降の最近の25年間余のことであり，保育所制度が急激に変わってきた時代である。以下で簡単にその変遷をまとめておきたい。

戦後わが国の認可保育所はその長い歴史の前半を，幼稚園教育を意識し，狭義の「幼児教育」を重視する方向で保育内容の整備が行われてきた。そこでは地域の幼稚園に代わる就学前の教育機関としての役割が保育所に強く求められたのである。そうした状況にあって，1980年から81年にかけての全国各地でのベビーホテルといわれる認可外

保育施設での死亡事故の多発は，認可保育所に対して乳児保育，延長保育，夜間保育などの保育ニーズの多様化，就労支援機能の拡大を強く求めるものとなった。80年代は保育ニーズの多様化が大きな保育政策課題となった。

　しかし，保育ニーズへの多様化への取組がまだ十分には進んでいない1990年に合計特殊出生率のいわゆる1.57ショックが起こり，それ以後は少子化対策として保育所の役割が重視される時代を生むことになった。95年度から始まるエンゼルプラン（「今後の子育て支援のための施策の基本的方向について」）は，地域のすべての子ども・家庭への働きかけを保育所に求め，対象も従来の狭義の「保育に欠ける」児童だけではなく，健全育成の視点から地域全体の児童にまで児童福祉（保育）サービスの拡大が求められるようになった。97年の児童福祉法改正での「放課後児童クラブ」（学童保育）の法制化や，「保育に欠けない」子どものいる家庭への相談・助言活動の取組みはまさしくこうした方向に法的な整合性を与え，その流れの強化を図るものであった。

　これらの保育所の機能拡大の過程を簡単に図示したものが図表6－3である。図からわかるように，保育所が第一段階としての子どもの「発達援助」機能を基本にすることは今日も変わらないが，1981年頃からは第二段階として保護者の「就労支援」機能を，さらに第三段階の90年代以降では「地域子育て支援」機能が保育所に付け加えられている。わずか25年間余にわが国の保育所は一気にその機能と対象を拡大してきたのである。

　もちろん，図のような機能拡大はすべての保育所に順調に受け入れられ均等に進展してきたわけではない。地域によって，また公立，私立などの設置主体の別によってその進行度合いは今日でも大きく異なっ

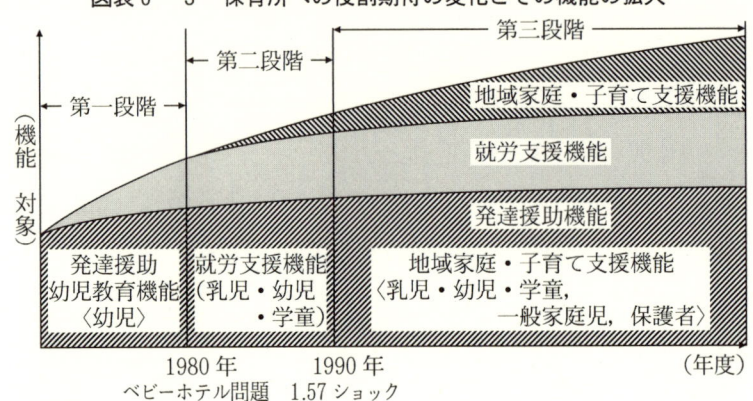

図表 6－3　保育所への役割期待の変化とその機能の拡大

（機能・対象）

第一段階／第二段階／第三段階

地域家庭・子育て支援機能
就労支援機能
発達援助機能

発達援助
幼児教育機能
〈幼児〉

就労支援機能
〈乳児・幼児・学童〉

地域家庭・子育て支援機能
〈乳児・幼児・学童，
一般家庭児，保護者〉

1980年　　　1990年　　　　　　　　　　（年度）
ベビーホテル問題　1.57ショック

出所）櫻井慶一「児童福祉法改正と制度改革」『社会福祉研究』第67号，96.10.鉄道弘済会を一部修正

ている。次節で検討するように，近年における女性の就労率の急激な上昇は乳児，低年齢児の待機児童の増加を生み，放課後児童クラブの一層の拡充を必要としている。都市部では今日あらためて第二段階の整備計画の大幅な見直しが課題となり，さらに，近年の虐待児の増加や家庭の子育て力の低下という新たな事態は，第三段階の保育所の地域・家庭子育て支援機能の一層の充実や地域の関連機関との連携強化の必要性など，保育サービスや保育士の役割の歴史の上でまた新たな課題を生んでいる。

第2節　保育サービスの拡大と少子化対策

(1) 女性労働の推移と待機児童問題

近年における保育所をとりまくまず第一の大きな課題は，その量的な整備，拡大にかかわることである。総務省統計局の「労働力調査」によれば，2001年の女性の労働力人口（就業者と完全失業者の合計数）は2,760万人で，前年に比較して7万人（0.3％）の増加となってい

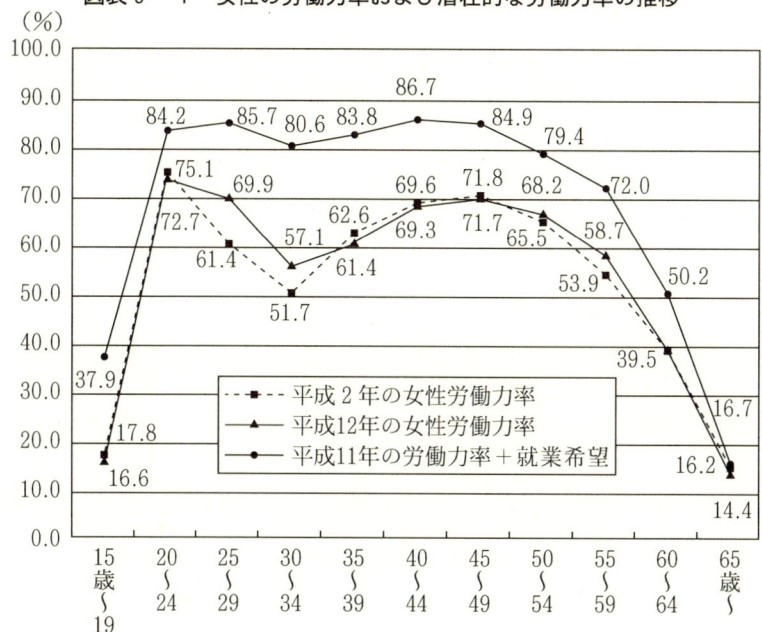

図表6-4　女性の労働力率および潜在的な労働力率の推移

(%)

年齢	平成2年の女性労働力率	平成12年の女性労働力率	平成11年の労働力率+就業希望
15〜19	17.8	16.6	37.9
20〜24	75.1	72.7	84.2
25〜29	61.4	69.9	85.7
30〜34	51.7	57.1	80.6
35〜39	61.4	62.6	83.8
40〜44	69.3	69.6	86.7
45〜49	71.7	71.8	84.9
50〜54	65.5	68.2	79.4
55〜59	53.9	58.7	72.0
60〜64	39.5	50.2	—
65歳〜	14.4	16.2	16.7

潜在的な労働力率は総務省統計局「労働力調査特別調査」（平成12年8月報告書非掲載分）

注）潜在的な労働力率＝ 労働力人口＋非労働力人口のうち就業希望者 / 15歳以上人口

資料）平成2年，平成12年　総務省「労働力調査」
　　　平成11年　総務省「労働力調査特別調査」（特別集計）から作成

る。

　もちろん，保育所の利用は母親の就労の有無だけではなく，同居親族の有無や世帯収入，就労所得，本人のキャリア意識，職場環境，地域の保育サービス環境など多様な要素によって決定されるものであり，すべての人が保育所を利用するというものではない。しかし，女性の就労者数が上昇していることは保育所利用者数の近年増加している背景の一因とみなせるものであろう。そのことは，たんに女性就労者数の絶対的な増加だけでなく，保育所利用者が多いと予測される25歳〜39歳の年齢層の女性の就業（労働力）率動向が急速に変化していることを示す図表6−4によっても裏づけられる。

図からは長い間，わが国の女性労働の特徴とされてきた結婚や出産にともなう退職によるM字型カーブの底が急速に高くなってきて，M字型カーブが次第になだらかになってきていることがわかる。1990年にM字型カーブの底は30歳～34歳の年齢層で，51.7％であった。それが10年後の2000年度では57.1％にまで上昇し（図にはないが，2001年度は58.8％），25歳～29歳の層でも7％以上の顕著な上昇傾向にある。女性労働力の1％の伸びは先の労働力総数から約27万人となるが，図からも明らかのようにそのかなりがこの年齢層の伸びを反映しているとみなせるものである。

　ところで図表6―4はチャンスがあればまた働きたいとする女性の潜在的な就労希望率も示している。それによれば女性の就労希望率自体は20～50歳くらいまでは一貫して80％を超えており，2003年6月に出された「男女共同参画社会に関する研究会報告書」では，わが国の女性も近い将来にM字型ではなく欧米型のような台形状の就業構造になると予測されている。同「報告書」はM字型カーブの解消，仕事と子育て両立支援のためには，大規模な保育サービスの充実が必要とし，2003年度からの10年間で保育所利用児童数は84万人増加するものと推測し，そのために保育所数は9,700箇所，保育士数は10万人が新たに必要と試算している。2004年度現在の保育所利用児童数は就学前児童の30％程度であるが，10年後の2015年には約40％まで上昇すると推測されている。地域差はあるものの，保育所の量的整備が女性労働の推移の面からは緊急の課題になっている。

(2) 「次世代育成支援対策行動計画」と保育サービスの多様化

　保育所への入所ができない待機児童が急速に増加したのは，1995（平成7）年頃からのことである。それは折からの不況が深刻化する

のに歩を合わせたものであった。またその時期を保育政策の動向に関連させて考えるならば、1994年12月に政府により策定されたいわゆる「エンゼルプラン」とその一部具体策である「緊急保育対策等5か年事業」が実施に移された頃からのことである。

「エンゼルプラン」は、1.57ショック以後の政府の少子化対策を集大成するものとして、省庁の枠を超えて、厚生、文部、労働、建設の関係4省庁が連携して総合的に子育て支援に取組んだ初めての計画であった。計画は95年からおおむね10年間の予定で、①子育てと仕事の両立支援、②家庭のおける子育て支援、③子育てのための住宅および生活環境の整備、④ゆとりある教育の実現と健全育成、⑤子育てコストの削減等の5分野を重点政策にとりあげ、地域をあげての子育て支援システムを構築しようとするものであった。それらの重点施策のうち、「仕事と子育ての両立支援」に特に重点をおき具現化しようとしたものが「緊急保育対策等5か年事業」であった。

「エンゼルプラン」は少子化への危機感が政府レベルでようやく具体的施策として実現したものであり、保育所サービスが量的整備だけではなく、多様な保育ニーズへの対応という質的整備も重要課題であることを明らかにしたものであった。以後、その対応のために全国の自治体に自治体版のエンゼルプランの作成と実施が呼びかけられた。

しかし、その後も少子化の進展に歯止めはかからず、5か年事業が終了した翌年の2000年度からは、政府は「少子化対策推進基本方針」にもとづき、先の4省庁に財務、自治の両省も加えた6省庁による「新エンゼルプラン」（「重点的に推進すべき少子化対策の具体的実施計画について」）を定め、2004年度までの5か年計画を再度実施に移した。

「新エンゼルプラン」では、①保育サービスの充実、②仕事と子育

ての両立支援のための雇用環境の整備，③固定的な性別役割分業や職場優先の企業風土の是正，④母子保健体制の整備，⑤地域で子どもを育てる教育環境の整備，⑥子どもがのびのび育つ教育環境の実現，⑦教育に伴う経済的負担の軽減，⑧住まいづくりや町づくりなど8つの重点施策の方向を打ち出し，都道府県や市町村と連携しながら少子化に歯止めをかけようとした。

　しかし，それでも少子化に歯止めはかからないばかりか，2003年度の合計特殊出生率は1.29と史上最低を記録した。そのため国では同年7月に「次世代育成支援対策推進法」および「少子化社会対策基本法」を制定し，「次世代育成」という新たな視点での総合的な取組を行うこととした。その具体化のために2005年度から，前章に述べたように「少子化社会対策大綱」の4つの柱にそった総合的な「子ども・子育て応援プラン」を実施にうつしたのである。

　それらのうち，保育サービスの拡充にかかわる具体的な2009年度までの5か年間の整備目標数値は図表6—5のようなものである。これらの整備目標数値は，前章でみた全国の市町村の「行動計画」の中の特定保育14事業の目標数値をおおむね合算したものである。大規模な整備・拡充計画であるが，肝心の通常保育の定員増は，2009年度まででも12万人にとどまっている。待機児童がこれで本当に解消できるのか心配される。

　しかし，一方で一時保育事業は98年段階では，660ヵ所程度，地域子育て支援センターは690ヵ所程度，延長保育事業でも5,000ヵ所程度，放課後児童クラブは9,600ヵ所程度の普及率であったので，わずか10年程度でかなり大幅なサービスの拡大となるものである。先に述べた保育所の発展段階で言えば，第2段階の就労支援機能は大幅に強化され，さらに第3段階の地域における子育て支援機能もかなり

図表6－5　市町村次世代育成行動計画での子育て支援関係整備目標数値
（2004.11.10）

事業	2004(平成16)年4月／年度(事業実施予定)	2009(平成21)年4月／年度(目標値)	増加	備考
通常保育事業（保育所定員数）	203万人	215万人	12万人増	・保育計画（待機児童解消計画）策定対象の95市町村で約6万5千人の定員増
放課後児童クラブ事業（クラブ数）	15,133か所	17,455か所	2,322か所増	・全国の小学校区のうち約4分の3で実施
地域の子育て支援				
子育て拠点の設置 ・地域子育て支援センター（施設数） ・つどいの広場（か所数）	2,954か所 2,783か所 171か所	5,957か所 4,402か所 1,555か所	3,003か所増 1,619か所増 1,384か所増	・全国の中学校区のうち約6割で実施 ・人口3万人以上の市町村の約4分の3で実施（3万人以下の市町村でもニーズに応じて実施）
ファミリー・サポート・センター（か所数）	368か所	713か所	345か所増	
一時的・臨時的保育ニーズへの対応				
一時・特定保育事業（保育所数）	5,935か所	9,486か所	3,551か所増	・全国の中学校区ごとにほぼ1か所ずつ実施
ショートステイ事業（施設数）	569か所（417市町村で実施）	874か所（700市町村で実施）	305か所増	・全国の児童養護施設等の約9割で実施（全国の市町村の約4分の1で実施）
トワイライトステイ事業（施設数）	310か所（197市町村で実施）	563か所（323市町村で実施）	253か所増	・全国の児童養護施設等の約6割で実施（全国の市町村の約1割で実施）
病後児保育事業（施設数）	507か所（392市町村で実施）	1,480か所（1,053市町村で実施）	973か所増	・全国の市町村の約4割で実施
保育時間延長等への対応				
延長保育事業（保育所数）	12,783か所	16,195か所	3,412か所増	・全国の保育所の約7割で実施
休日保育事業（保育所数）	666か所（376市町村で実施）	2,157か所（1,172市町村で実施）	1,491か所増	・全国の保育所の約1割で実施（全国の市町村の約4割で実施）
夜間保育事業（保育所数）	66か所（45市町村で実施）	143か所（104市町村で実施）	77か所増	・人口30万人以上の市の約5割で実施（30万人未満の市町村でもニーズに応じて実施）

※　合併を前提に一本化して目標事業量を報告した市町村等があり，市町村数については全体で2,724市町村を母数に計算。
注意）　実際の「子ども・子育て応援プラン」では，目標数値は放課後児童クラブ17,500か所，延長保育16,200か所，休日保育2,200か所，夜間保育140か所，病後児保育1,500か所などとされている。
出所）厚生労働省雇用均等・児童家庭局総務課少子化対策企画室資料

基盤強化される見込みの数値と評価できよう。少子化対策として出生児童数の減少に歯止めをどこまでかけられるかについては,「子ども・子育て応援プラン」の,働き方の見直しや若者の自立支援などの施策体系,さらには「子ども・子育て応援プラン」ではほとんどふれられていない「子育て家族への経済的支援」策などとの相乗効果を期待するしかない。またことわるまでもないが,こうした保育サービスの充実も,子どもの視点,子育て家庭にやさしい質を重視した視点でのものでなければならないことはいうまでもないことである。

第3節　保育所サービスの改革課題

(1)　規制緩和とサービス提供主体の多様化

　保育ニーズの多様化要求に応え,待機児童の解消と利用者の選択を促進するためとして近年とられている政策が,民間(企業)等への保育所の運営委託や,公立保育所の民間移管などのいわゆる「民営化」である。98年度の児童福祉法改正以後だけで全国の2割近い市町村で行われている。その背景には増大する保育ニーズに区市町村が直接応えるには財政的に不可能な状況や,多様な事業者間の「競争」により低コストでサービスの向上を図ろうとする狙いがある。そのためにとられた手段が,雇用対策,経済政策のために社会のさまざまな分野で進められている90年代後半からのいわゆる「規制緩和」である。

　これまでわが国の保育所には,明文化はされてはいないが,一般に図表6—6に示すような5つの「規制」がかけられていた。長い間,保育所はこれらの強い規制に守られて地域の最も身近な児童福祉施設としてその事業が比較的安定的に営まれていたのである。しかし,こうした5つの規制,とりわけ参入規制などが急速に緩和され,株式会

図表6-6　保育所にかかわる諸規制

① 利用者規制	「保育に欠ける」児童が原則
② 参 入 規 制	市町村以外の経営主体は原則として社会福祉法人に限定
③ 料 金 規 制	保育料は所得税に応じた体系
④ 利 益 規 制	収益事業は限られた範囲に限定されており，運営費の使途もきびしく規制
⑤ 内 容 規 制	「児童福祉施設最低基準」による保育士数や施設・設備の基準

社やNPO，幼稚園など多様な運営主体が増加しているのが近年の保育所の実情である。　またさらに，近年ではこうした規制の外で，「民営化」方式を積極的に推し進めるかたちで，東京都の「認証保育所」や横浜市の「横浜保育室」などのように国の基準ではない自治体独自の基準に基づく「保育施設」や，ベビーホテルや事業所内保育施設など，都道府県知事による設置許可を受けていないいわゆる「認可外保育施設」も増加している。

「認可外保育施設」での保育サービスを受けている乳幼児は2003年度でも全国で約18万人以上もおり，その数は認可保育所の利用児童数の1割以上にも上る。しかもこの数値は，厚生労働省の2002年3月調査に比較してみると，わずか1年間でベビーホテル数では287か所，利用児童数では約6,000人も増加している。

「認可外保育施設」については，2000年に神奈川県内のベビーホテルで起こった死亡事故などを契機に，2001年に児童福祉法が改定され，区市町村による指導監督の強化や施設閉鎖までの手順や立入り調査内容の情報公開，開設にあたっての都道府県への届け出義務などが定められた。しかし，その保育サービスについては，その質の問題や利用者の費用負担のあり方など大きな課題が残されたままである。

(2) 保育サービスの質の確保と第三者評価事業

　最後に児童福祉の視点から今後の保育制度の課題として，保育サービスの質の担保を目的として厚生労働省が，（社団法人）全国保育士養成協議会を主な評価機関にして，2002年度から開始された「第三者評価」事業の問題について述べておきたい。第三者評価事業は「サービスの質を当事者以外の公正・中立な第三者機関が専門的かつ客観的な立場から評価する事業」のことで，近年では企業ばかりでなく，病院や大学，行政など社会の多方面で急速に広がっている。

　保育所での第三者評価制度の目的は，①保育所自身による自らの保育サービスの点検に資することで保育の質の向上に役立てること，②評価結果の公表により利用者の選択に資することの2点とされている。その直接的な法的根拠は「利用者主権」を基本理念のひとつとして2000年6月に成立した「社会福祉法」の第78条，「福祉サービスの質の向上のための措置等」と同第75条「情報提供の努力義務」に対応したものである。

　実際に全国保育士養成協議会では，その評価作業を2002年度から開始し，2004年度末までで全国約160ヵ所の保育所の評価を行い，その評価結果が一部公開されている。2005年度以後は全国社会福祉協議会を中心に全国の各都道府県で評価事業が軌道にのるように準備が急ピッチですすめられている。

　第三者評価事業は一般論としては，公共性を担保された保育所を地域にさらに開き，地域住民や利用者に一層安心して利用してもらうためには有効で必要な情報公開と利用者保護の制度と思われる。しかし，それが保育所に現在ある諸規制を，行政による「事前規制から事後規制」へと転換させるきっかけになるのではないかという懸念が関係者の一部には強い。

保育所の"保育の質"を担保するためには第三者評価事業制度は必要であるが，しかしそれだけでは不十分である。保育所にはそれにふさわしい保育環境と専門性の高い保育士の配置が必要であり，そのためには就労支援と子どもの育ちを両立させる保育所の機能を保障する「児童福祉施設最低基準」などの規制は今後も必要であると考えられる。児童家庭福祉の立場からは保育所サービスを一般の商品のような市場での自由な取引に任せることには今後も慎重でなければならないことは当然であり，むしろ一層の施設・設備水準の向上，質の向上が求められるものである。

第7章

児童虐待問題と福祉課題

第1節　児童虐待の概念と推移

(1)　児童虐待の概念と児童虐待防止法の成立

　児童虐待は古代社会から存在していた。しかし，その子どもに与える影響の大きさについて児童福祉関係者が世界的に注目するようになってきたのは比較的最近のことである。

　児童虐待の現れ方は国や地域により多様であるが，今日，一般的には図表7－1のように発展途上国と先進工業国とに分けて説明されることが多い。そのために子どもの権利条約も第19条第1項，第32条，第33条，第34条，第35条，第36条，第37条，など多くの条文において，広く児童の虐待＝人権侵害からの保護を訴えているのである。

図表7－1　児童虐待のあらわれ方

発展途上国	児童売買や売春の強要，過酷な児童労働などが多い。
先進工業国	父母，教師，施設職員などによる身体的，心理的，性的虐待や養育のネグレクトなどが多い。

　発展途上国では栄養不良や不衛生，経済貧困等に起因する問題が深刻であるが，先進工業国では最も信頼する父母や教師，施設職員などから加えられるものであるから虐待は表面化しにくく，しかもその児童に与える影響（被害）はきわめて大きい。

虐待問題への対応は，今日，先進国共通の大きな課題となっている。とりわけアメリカでは今日，「10人に3人が片親家庭の子どもで，年間300万人の子どもが放置され，肉体的，性的に虐待されている。この数は1980年当時の3倍にものぼる」（ユニセフ『国々の前進』1994年版）とされる状況があり，解決のきざしが見つかっていない。

　児童虐待の歴史については，アメリカで1874年頃に，継父に殴られ，餓死寸前にあったメアリー・エレン（Mary, E.）の事件が報道され，1875年には児童虐待防止協会がつくられてから，児童福祉関係者では関心をよんでいた。当時，アメリカでは動物の虐待防止法はあったが児童のそれはなかったのである。

　しかし，その後児童虐待が同国で広く問題にされたのは1960年代に入って，小児科医のケンペ（Kempe, C.）が病院に連れてこられる多くの子どものケガが偶発事故によるものでないことに気がついてからのことである。その共通する臨床所見は，骨折，硬膜下出血，栄養不良，皮膚の打撲，突然死などであり，子どもの年齢は3歳以下が多く，親にほとんどかまわれていないと思われる不潔な状況や子どもと親の述べるケガなどの既往歴が一致しないなどであった。ケンペはこれらの共通特徴を持つ児童を「被虐待児症候群」とよび，親などによるそうした行為を「児童虐待」（Child Abuse）として世に警告を発した。

　わが国でも児童虐待は児童養護施設関係者では古くから知られ大きな問題とされていたが，厚生省による最初の全国調査が行われたのは，1973（昭和48）年のことである。そこでは児童虐待は「暴行など身体的危害，あるいは長時間の絶食，拘禁など，生命に危険をおよぼすような行為がなされたと判断されたもの」と定義されていた。しかし，わが国では「子どもは神からの授かりもの」として「血のつながり」

が強く意識される風潮の強いこともあり，虐待は欧米のように多くはなくその程度もあまりひどいものとは一般の人々には思われずに長い時間が経過した。

　80年代後半になり，児童虐待の事件がマスコミでしばしば報道されることに触発され，厚生省は虐待に関する相談処理件数統計を全国の児童相談所の協力を得て1990年に初めて発表した。その件数は全国で約1,100件であったが，それまで虐待はわが国ではほとんど無いものと思われていたので多くの一般の国民には衝撃的な数字であった。以後，その件数は関係者の懸命な取組みにもかかわらず減少することなく，急増していった。

　虐待の増加にもかかわらず，当初は児童虐待防止法の単独立法については，戦前のそれが児童福祉法の成立とともに廃止された経緯や虐待防止は児童福祉法の改正で対処すればよいと考えられていたことなどもあり，その具体的な改正作業は進まなかった。90年代後半になり，児童虐待が止まることなく広がる傾向に危機感を抱いた国会議員からの提案で，ようやく2000年5月に「児童虐待の防止等に関する法律」は成立したのである。そこでは，虐待は下記のように定義された。

　①児童の身体に外傷が生じ，又は生じる恐れのある暴行を加えること。
　②児童にわいせつな行為をすること又は児童をしてわいせつな行為をさせること。
　③児童の心身の正常な発達を妨げるような著しい減食又は長時間の放置そのための保護者としての監護を著しく怠ること。
　④児童に著しい心理的外傷を与える言動を行うこと。
　ここには従来からの「身体的虐待」，「心理的虐待」に加えて，従来

わが国ではほとんど無いとされてきた「性的虐待」や保護の怠慢，不適切などのいわゆる「ネグレクト」，あるいは「マルトリートメント」とされるものを加えた4種の形態が虐待とされている。しかし，虐待とされるケースでも，保護者の意識では「しつけ」をしているという場合もあり，その見極めは簡単でない。一般的には，「しつけ」の範囲と「虐待」の違いは児童自身がそれを苦痛に感じているかどうか，児童福祉の立場から見てそれが子どもの成長発達上適当なことかどうかの判断が大きなポイントとなるものである。

(2) わが国での児童虐待件数の推移と内容

児童虐待が疑われるケースでの児童相談所への通報件数の近年における推移は図表7－2のとおりである。1990（平成2）年度ではその通報・相談処理件数は年間1,100件程度だったが，2002（平成14）年

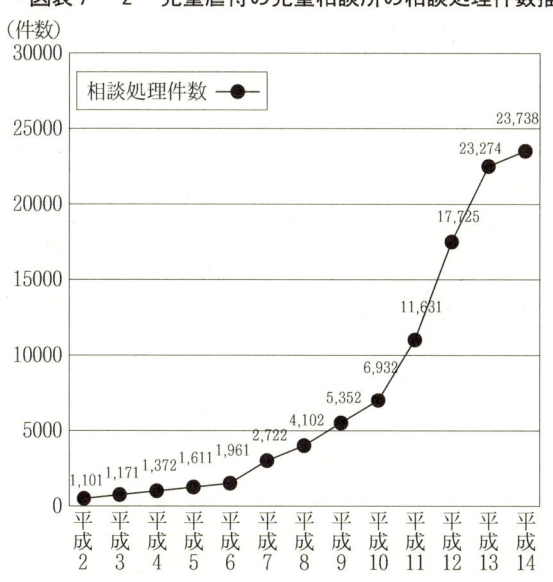

図表7－2　児童虐待の児童相談所の相談処理件数推移

年度	相談処理件数
平成2	1,101
平成3	1,171
平成4	1,372
平成5	1,611
平成6	1,961
平成7	2,722
平成8	4,102
平成9	5,352
平成10	6,932
平成11	11,631
平成12	17,725
平成13	23,274
平成14	23,738

資料）厚生労働省，2002年

度は23,738件と20倍以上にもふえている。しかも、この数値は控えめのもので、全国の福祉、保健、医療、教育、警察、司法などの関係機関が把握した社会的介入の必要な虐待の発生件数は、2000（平成12）年度段階でも児童相談所の処理件数の倍以上の約3万5,000件と把握されている（厚生労働省家庭福祉課虐待防止対策室）。

児童虐待がわが国で近年急増している理由については、児童虐待防止法が施行され虐待への社会的関心が高まり、新聞、テレビなどのマスコミで報道が多く行われるようになってきたこともあるが、その背景には、不況などの経済環境の悪化、孤立した育児環境、さまざまな親子・夫婦関係のストレスの増加や未成熟な親の増加などの複合的な原因があると思われる。

図表7－3　虐待の内容・被虐待児の年齢，主たる虐待者

虐待の内容別相談件数（総数23,738件 全国版）
- 心理的虐待（3,046件）12.8%
- 性的虐待（820件）3.5%
- 身体的虐待（10,932件）46.1%
- 保護の怠慢ないし拒否（8,940件）37.7%

被虐待児童の年齢構成（総数23,738件 全国版）
- 高校生・その他（995件）4.2%
- 中学生（2,495件）10.5%
- 0～3歳未満（4,940件）20.8%
- 3歳～学齢前児童（6,928件）29.2%
- 小学生（8,380件）35.3%

主たる虐待者の割合

実母	実父	実父母以外の継父、継母など	その他（叔父母，祖父母など）
63.2%	22.4%	8.3%	6.0%

出所：『厚生労働省報告例』（平成14年度）

虐待の内訳では身体的虐待が最も多いが，近年では保護の怠慢ないし拒否（ネグレクト）の割合も増加している。虐待を受けている児童の年齢では3歳〜学齢前が最も多く，ついで0〜3歳未満となっている。しかも，主たる虐待者の割合は実母が63.2％と圧倒的に多いことに複雑な気持ちを抱かされると同時に，その原因がなぜなのかを考えさせられる。

第2節　児童虐待問題への福祉対応

(1) 児童相談所での対応と課題

　虐待の起こりやすい状況とその程度（ひどさ）は図表7―4のように一般にX，Y，Zの3つの大きな要因の積として考えることができる。第1の要因は，図ではXで表されている部分で，広く家族のおかれている社会環境上のリスク要因の大きさである。ここには家族の経済的状況や夫婦関係，地域からの孤立程度などが含まれる。第2の要因は図のYの部分で，親自身の成育歴や性格要因，親としての自覚・親意識の有無などのリスク要因の大きさである。第3の要因には図の

図表7－4　虐待の大きさ（＝X×Y×Z）

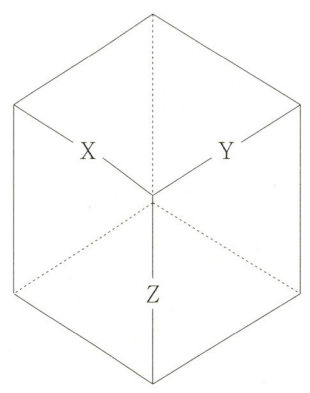

X＝家族をとりまく環境リスク要因
Y＝親自身のリスク要因
Z＝子ども自身のリスク要因

Ｚの部分で，親と子の関係性や，親の子に抱く意識，子どもの育てやすさ（障害の有無など）などのリスク要因の大きさである。虐待はその形態もその理由も単一で起こるわけではなく，こうした原因の複合化，その積として現れるものと考えられる。

ところで図表7―4のように児童虐待の発生理由とその大きさを考えたとき，その原因は複雑であり，虐待問題への対応を誰か一人にまかせて簡単に対応できるものではないことがわかる。多くの事例では児童相談所を中心に，市町村の保健センターや家庭児童相談室，児童関係の担当課，病院や学校，保育所や幼稚園，地域の民生・児童委員，主任児童委員，さらには地域の警察や町内会などのさまざまな機関や人々の幅広い連携，協力，ネットワークのもとに，その必要性や緊急度に応じて危機対応やその後のケアが行われる必要があるものである。しかも当然のことであるが，虐待問題への最も大切なことは児童を親から分離することが目的ではなく，児童を再び安定した家族のもとにどうやって帰すかが課題とされなければならないものである。家族の分離ではなく，家族の再統合が本来の目的となるという意味である。

そうした予防から再統合，自立支援までの段階を図示すると図表7―5のような流れとして把握することができる。現在のわが国ではまだ虐待の発見が最重点課題となっているが，その本来の目的は予防や家族の再統合や自立支援までが課題とされなければならないものである。

以下，図表に従い，福祉専門機関，とりわけ児童相談所の課題を段階ごとに簡単にみておきたい。

第1段階の「予防」での課題は，親による育児を社会的に孤立させないことが最も重要になろう。そのためには第5章でとりあげたような市町村による育児支援策や地域での子育て支援ネットワークの有無

図表7-5　児童相談所の児童虐待問題への段階的対応

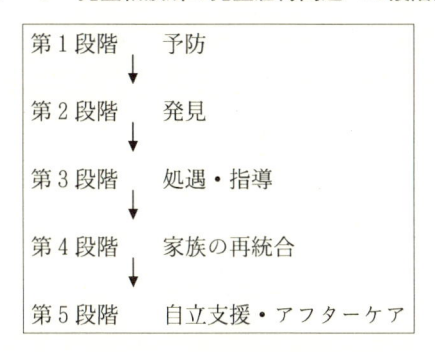

```
第1段階　　予防
　　↓
第2段階　　発見
　　↓
第3段階　　処遇・指導
　　↓
第4段階　　家族の再統合
　　↓
第5段階　　自立支援・アフターケア
```

とその活用がポイントとなる。虐待予防の基盤形成は市町村の地域福祉がどこまで充実しているかの度合いに他ならない。しかし，児童福祉の立場から求められている肝心なことは，虐待を疑い通報し合う隣近所の人間関係を作ることではなく，声を掛け合い，助けあう関係であることを確認しておきたい。

　第2段階の「発見」は，近年各地で作られている市町村虐待防止ネットワークの活動の中心的課題となっている感がある。虐待通報は現在では虐待し，悩む苦しんでいる親自身からの通報が最も多いが，保育所や学校，保健センター，主任児童委員などの日常的に児童と接している地域の関係者の役割も大きい。早期発見，早期対処は虐待による最悪の結果を防ぐうえで重要であり，通報を受けた児童相談所には48時間以内の児童の安否確認が義務付けられている県もあるが，第3章でみたように現在では児童相談所の人手不足もあり，必ずしも全国的には十分には行われていない。

　第3段階の「処遇・指導」は，大きくは，初期介入の段階と指導・措置の段階に分けられる。初期介入では児童の緊急保護が課題となるが，次の段階では，児童と保護者を分離する分離保護か在宅支援かを決めなければならない。分離保護の場合にも，病院，施設，児童相談

所などへの一時保護，暫定保護の場合と長期的な施設入所措置や里親委託の場合とがある。これらの処遇を職権あるいは同意による保護，審判による施設入所で行うわけであるので，司法と親権に関連した多くの問題が派生する。

児童相談所では多くの場合，家族指導，家族調整や親へのカウンセリングや多面的な生活支援，子どもへの支援（見守り，カウンセリングなど）などを行っている。処遇は家族の再統合を目的して行われるものであるが，そもそも施設入所や親子分離が親や児童の意思や希望に反して行われることもあり，その後の児童相談所と保護者との信頼関係の構築には時間がかかる場合も多く，司法の関与の必要性とカウンセリング部門の児童相談所からの分離の必要性も叫ばれている。

第4段階の「家族の再統合」は最終的な目的であるが，虐待の理由となった地域・家庭環境が簡単には変わらないこと，さらに直接的な虐待に至った原因も千差万別であるので，その方法が定型的，マニュアル的に確立しているわけでない。多くの児童相談所では試行錯誤しながらその課題に取り組んでいるのが実情であり，児童相談所の専門機関としての力量，専門性が問われる今後の最も大きな課題とされているものである。ここでも地域の受け入れ体制の整備が課題となり，市町村の関与が重要となっている。

第5段階の「自立支援・アフターケア」は表面上の当面の問題が解決したと見なされ，地域で元のように暮らしはじめてからの段階で必要となるものである。現在では人手不足もあり，児童相談所ではほとんどなされていない分野である。多くの場合に新たな生活の場となった学校や職場などとの調整が必要となるものである。また，虐待ケースの場合，親子ともどもその後のトラウマ（心的外傷後遺症）治療も必要になることも多く，世代間連鎖で虐待を繰り返させないためにも

児童相談所などの機能としてていねいな自立支援，アフターケア体制の整備が今後は重要と思われる。

(2) 児童養護施設などでの対応と課題

第3章でみたように，「保護者のない児童，虐待されている児童その他環境上養護を要する児童」を入所させてその養護と自立支援を行う施設が児童養護施設である。わが国での子どもの養育形態は，一般の家庭養育と，児童養護施設や乳児院などの施設養護，里親，地域小規模児童養護施設，グループホームなどの家庭的養護などの社会的養護に大別することができる（図表7－6参照）。このうち，児童養護施設は2004年10月時点で，全国552ヵ所，入所定員は3万3,651人，在籍人員30,042人である。同様に乳児院（0歳からおおむね2歳が対象）でも全国に114ヵ所に2,942人が在籍している。次節で述べる里親に委託されている児童数が2003年で2,811人であるので，わが国の児童養護のうち社会的養護の現状は施設養護がほとんどといえる。こうした背景には第1章でみたわが国の親権の強さの問題や明治30年（1900年代）前後からの孤児院とよばれていた時代からの長い施設養護中心の歴史も反映している。

児童虐待と児童養護の関係では，2000年度の児童相談所に虐待とし

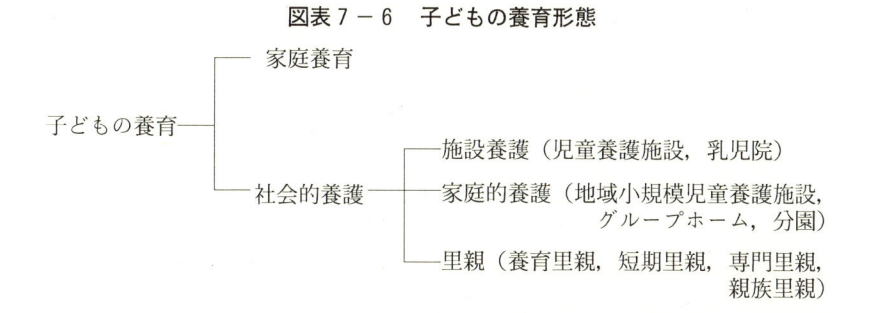

図表7－6　子どもの養育形態

```
子どもの養育 ─┬─ 家庭養育
              │
              └─ 社会的養護 ─┬─ 施設養護（児童養護施設，乳児院）
                              │
                              ├─ 家庭的養護（地域小規模児童養護施設，
                              │              グループホーム，分園）
                              │
                              └─ 里親（養育里親，短期里親，専門里親，
                                        親族里親）
```

て相談が寄せられた17,725件のケースのうち，児童養護施設に入所した者は1割弱の1,912人であった。しかし，そのうち里親委託はわずか91例にとどまっている（平成12年，社会福祉行政報告）。近年では児童養護施設に虐待を理由に入所してくる児童が過半数を越え，施設によっては大半というところも現れている。また，図表7－7のように2002年度の児童相談所があつかった63,886件の養護相談のうち，虐待が主因とみなされるケースは23,857件（37.3％）と多い割合となっている。

図表7－7　児童相談所における養護相談の理由別処理件数

平成14年度（'02）

	総数	傷病	家出	離婚	死亡	家族崩壊	その他
件　数	63,886	6,995	1,763	1,796	386	41,462 ＊23,857	11,484
構成割合 （％）	100.0	10.9	2.8	2.8	0.6	64.9 ＊37.3	18.0

注1）＊虐待の再掲
　2）処理が2つ以上行われた場合は複数計上している。
資料）厚生労働省「社会福祉行政業務報告」
出所）厚生統計協会編『国民の福祉の動向』(2003年版), p.113

　児童養護施設での処遇は，①子ども中心に行われるべきこと，②長期的に行われることが多いこと，③家庭との連携・協力のもとに行われるべきこと，④児童の生活そのものであり，人間としての成長発達の基礎を形成するものであることなどの特徴を有するものである。そのためその処遇にあたってはできるだけ家庭的な雰囲気の下で行われることが何よりも望ましいものである。しかし，わが国ではその施設の形態自身も図表7－8のように，一軒の家で12人以下で暮らす小舎制は13％程度と少なく，一舎20人以上で病院や学校のような構造の大規模な建物で暮らす大舎制が70％近いのが実情である。「児童福

図表7-8　わが国の児童養護の施設形態（大舎制と小舎制）

大舎制
病院のような大きな建物に必要な設備環境（廊下・便所・洗面所・洗濯室・児童居室・職員居室・事務室・応接室・食堂・厨房・浴室・静養室・学習室・娯楽室など）すべてが配置されている。大きな生活単位の形態である。

- 大舎制（1舎20人以上）
  …381（69.3％）
- 中舎制（1舎13人から19人）
  …67（12.2％）
- 小舎制（1舎12人まで）
  …73（13.3％）
- その他（大舎制や中舎制，小舎制，グループホームが併用されている施設）
  …29（5.2％）

小舎制
同一敷地内で独立した家屋において，それぞれに必要な設備環境が設けられている。児童はそれぞれの家屋に分散して生活する様式である。職員がそれぞれの家屋を担当することになる。

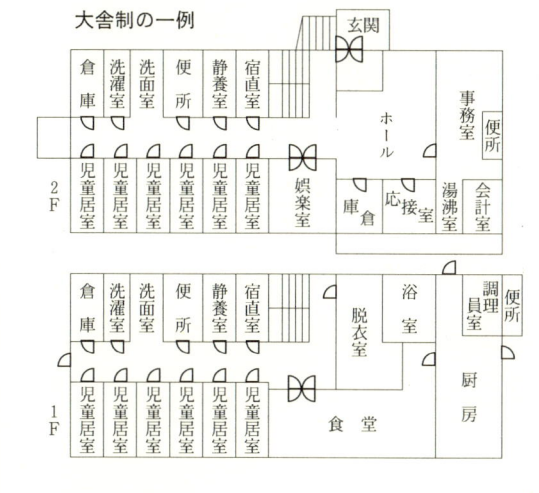

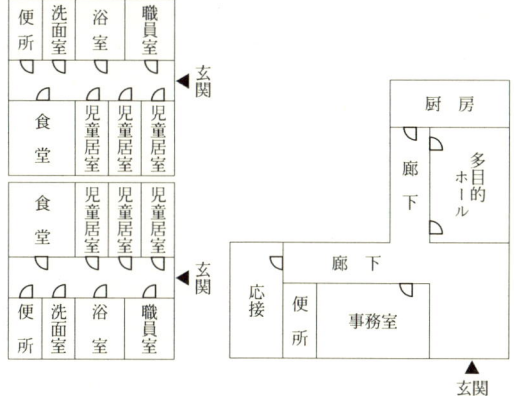

資料）全養協調べ，2002年5月3日，児童養護研究会，より作成

祉施設最低基準」でも，一居室15人以下といった非人間的な水準であり，小規模化が緊急の課題となっている。

(3) 里親制度の現状と課題

　里親制度はさまざまな事情で子どもを育てられない実の親に代わる制度として，古代律令制の時代から行われていたようである。現在は

児童福祉法第6条3において「保護者のない児童又は保護者に監護させることが不適当であると認められる児童を養育することを希望する者であって、都道府県知事が適当と認めるもの」とされているものである。

わが国での児童養護の形態が伝統的に施設養護中心であることは前節で述べた通りであり、今日でも社会的養護を必要とする児童のうち、里親制度の利用児童数は図表7-9にみるようにわずか8％程度である。諸外国では家庭に恵まれない児童は、重い障害のあるなど特別な事情のある場合を除き、今日では家庭的養護（里親委託など）が主流であるのに対して、わが国では施設中心の養護を行っているという際立った特徴がある。

図表7-9 わが国と諸外国の施設養護と里親委託児童数の割合

国＼形態	施設養護	里親養護
日　本	92%（29,028人）	8%（2,614人）
イギリス	43%（26,000人）	57%（34,500人）
ド イ ツ	58%（56,468人）	42%（41,392人）
フランス	48%（60,800人）	52%（66,100人）
イタリア	73%（2,827人）	27%（1,062人）

注）ヨーロッパ諸国の施設児童数には教護院児童も含まれる。ヨーロッパの児童養護概念は、保護者のない児童や虐待されている児童以外にも、家庭の保護下におけない児童すべてを包括的に入所保護しているのが特長である。

資料）日本　厚生省「社会福祉調査」および「業務報告」（92.10.1）。イギリス、統一ドイツ、フランス、イタリアの数値はM. Colton & W. Hellincks *Child Care in the E. C Arena*, 1993による（調査時点は90年3月～91年1月である）。

さらに問題は、こうした傾向が、図表7-10にみるように近年では虐待が増加しているにもかかわらず、委託されている児童は減少傾向にあり、むしろ相対的に里親委託の比重は下がる傾向が認められる

ことである。そのため里親制度は2002年10月からは従来からの養育里親（委託期間は制限なし，児童が18歳になるまで），短期里親（委託期間は1年間）に加えて，専門里親（委託期間は原則として2年間以内），登録，委託期間に定めのない親族里親制度が創設され，里親制度は現在では4種類になっている。また，同時期に里親養育の最低基準も制定され，里親制度を家庭的養育ではなく社会的養護であることを明示し，里親への研修の義務づけも行われた。

　これらの里親のうち，特に虐待された児童への専門的な対応が期待されているものが3年以上の養護や養育里親経験のある者を里親条件にした専門里親制度である。専門里親制度は家庭での親密な援助を必要とする児童に専門的な働きかけをすることにより，被虐待児童の心身を癒し，家庭復帰をできるだけ短期間で促すようにした制度である。

図表7－10　里親及び委託児童数の推移　　　　　（単位　人）

	登録里親数	児童が委託されている里親数	委託児童数
昭和60年度（'85）	8,659	2,627	3,322
平成7　　（'95）	8,059	1,940	2,377
12　　（'00）	7,403	1,699	2,157
14　　（'02）	7,161	1,873	2,517
15　　（'03）	7,286	2,019	2,811

資料）厚生労働省「社会福祉行政業務報告」
出所）『国民の福祉の動向』（2004年版），p.98

　わが国における里親制度が不振な背景には，前節で述べたように児童養護施設や乳児院などの施設養護中心の伝統が大きいことに加え，里親の監護等の権限が不明確であったり，子育てに血縁関係を重視したがる文化・風土的特徴や差別意識，里親を引き受けるには住宅や就労条件が悪すぎると考えられる家庭の増加などがあった。さらには現

実的な問題として虐待などを受け養育のむずかしいと感じられる里子の増加，実親とのトラブルを嫌う風潮，月額3万円程度と低い里親手当（他に生活諸雑費としての手当も5万円程度支給される），里親へのアフターケア体制の弱さなどのいくつかの要因が複雑に関連している。こうしたこともあり，2004年11月の児童福祉法の改正により，児童相談に関する市町村の体制の充実や里親について，監護，教育，懲戒に関し，子どもの福祉のため必要な措置がとれるよう改正された。里親制度は児童にとり意義の大きなものである。児童の立場から今日その普及があらためて望まれている。

第8章

児童福祉と教育問題・ひとり親家庭問題

第1節　児童福祉と障害児教育

(1)　障害児教育の現状と児童福祉

　わが国の義務教育は現在，世界でも有数の高い就学率を誇っている。しかし，その発展過程では心身に重い障害を有する児童は長い間「就学猶予」，「就学免除」という扱いを受け，重症心身障害児を含む全ての児童に学籍が保障されたのはようやく1979（昭和54）年度からのことである。

　今日では障害児を対象にした教育の場は地域の一般の小・中・高等学校に加え，その障害の特性に応じて，図表8－1に示すように盲学校，聾学校，養護学校（知的障害，肢体不自由，病弱・虚弱）の特殊教育諸学校と小・中学校における特殊学級とに分かれ，約17万6,000人が就学している。近年さらに，学習障害児（LD：Learning disorder）や注意欠陥／多動性障害（ADHD：attention-deficit／hyperactivity disorder）児，高機能自閉症などのいわゆる軽度障害を有する児童の増加にともない，地域により養護学校等の児童，生徒数のかなりの増加傾向がある。

　しかし，その学ぶ形態は障害児の場合には必ずしも自宅からの通学を意味するものではない。通学する場合でもスクールバスによる送迎が多く行われており，学校に来れない重度の障害を有する児童には，

その居住する家庭や病院，あるいは施設などに学校から逆に教員が訪問する訪問教育や，施設内での分校制度など多様なものがある。また地域の児童との共同の学習時間や交流の場を設けるなどの工夫をしている学校（教室）の場合もある。

**図表8－1　義務教育段階の盲・聾・養護学校および特殊学級の現状
　　　　　　――国・公・私立計**　　　　　　（平成14年5月1日現在）

区　分		学校数	就学者数	区　分		学校数	就学者数
特別支援学校	盲　学　校	71校	3,926人	小・中学校特別支援学級	知的障害	17,671学級	53,175人
	聾　学　校	106	6,719		肢体不自由	1,765	3,131
	養護学校 知的障害	523	61,243		病弱・虚弱	833	1,693
	肢体不自由	198	18,362		弱　視	164	216
	病　弱	95	3,921		難　聴	567	1,109
	小　計	816	83,526		言語障害	325	1,166
					情緒障害	8,031	21,337
	計	993	94,171		計	29,356	81,827
就学者数合計　　175,998							

資料）文部科学省「平成14年　学校基本調査」による

　障害児教育の教育課程は一般の小・中学校と同様に，各教科，特別活動，道徳があるが，その他に特別なものとして「自立活動」の時間が設けられている。「自立活動」の時間は各児童の障害の特性に応じ原則として個別的なカリキュラムが組まれ，授業が実施されていることが特徴である。

　障害児の教育分野での福祉サービスの最大課題は，個々の児童の障害に応じてできるだけ地域の中での教育を保障し，さらに卒業後は地域で就労できるようにそのための環境を整備することにある。しかし，障害児教育は長い間むしろ健常児の教育との分離を前提に，特別な体系で行われてきており，小学校就学にあたり行われてきた教育委員会による就学時健診は，一般の学校か特殊教育かの振り分けに使われて

きたのが実態であった。

　ノーマライゼーション理念の浸透にともない，2001年度から小学校入学にあたり保護者の学校を選択する意思の確認が市町村教育委員会に求められるようになったが，地域の全ての学校で障害を有する児童への教育サービスが質的に十分に保障されるのか否かは疑問である。統合教育（インクルージョン）の効果を上げるためにも学校教育と介護補助員などの派遣による社会福祉サービスとの連携，協力が強く求められている。2004年度には，学習障害児や高機能自閉症児などの増加にともない，「特別の配慮を要する児童のための支援法」がようやく制定された。アメリカのそれと異なり保護的色彩が濃いものであるが，「個別の教育支援計画の策定」とすべての学校に「特別支援教育コーディネーター」をおくことがもとめられた意義は大きい。地域のなかですべての児童に豊かな教育の機会が用意されることは当然であり，教育と福祉の連携・協力が強く求められている。

(2) 障害児施設と教育問題

　障害のある児童に対しての施設については第3章でも少しのべた。主に児童福祉法に規定されているものを中心にその施設名とその目的をまとめたものが図表8－2である。これらの施設の入所（利用）にあたっては，原則として児童相談所の措置を必要とすることは先にふれた通りである。

　障害児教育と児童福祉施設の関連で現状をみると，近年では知的障害児の分野では自宅から通学できる養護学校の普及・整備にともない，学齢児童では施設で生活する児童数そのものの減少ということが特徴のひとつとしてあげられる。また，盲児施設やろうあ児施設などの分野では，地域の普通学校での受け入れも進み，地域の普通学校に入学

図表 8－2　障害のある児童のための福祉施設

- 児童のための施設
  - 児童福祉施設
    - 知的障害児施設
      - 知的障害の児童を入所させて，保護するとともに，独立自活に必要な知識技能を与える施設
    - 自閉症児施設
      - 自閉症を主たる症状とする児童を入所させて保護するとともに，独立自活に必要な知識技能を与える施設
    - 知的障害児通園施設
      - 知的障害の児童を日々保護者のもとから通わせて，保護するとともに，独立自活に必要な知識を与える施設
    - 盲児施設
      - 盲児（強度の弱視を含む。）を入所させて，保護するとともに，独立自活に必要な指導または援助をする施設
    - ろうあ児施設
      - ろうあ児を入所させて，保護するとともに，独立自立に必要な指導または援助をする施設
    - 難聴幼児通園施設
      - 難聴の幼児に対し，早期に聴力及び言語能力の機能訓練を実施，残存能力の開発と障害の除去を行うとともに，家庭で一貫した適切な指導訓練が行えるよう母親等に対し指導訓練の技術等について指導する施設
    - 肢体不自由児施設
      - 上肢，下肢または体幹の機能障害のある児童を入所させて治療するとともに，独立自立に必要な知識・技能を与える施設
    - 肢体不自由児通園施設
      - 上肢，下肢または体幹の機能障害のある児童を入所させて治療するとともに，独立自立に必要な知識・技能を与える施設
    - 肢体不自由児療護施設
      - 上肢，下肢または体幹の機能障害のある児童で家庭における養育が困難なものを入所させる施設
    - 重症心身障害児施設
      - 重度の知的障害及び重度の肢体不自由が重複している児童を入所させて保護するとともに治療及び日常生活の指導をする施設
    - 心身障害児総合通園センター
      - 障害の相談・指導・診断・検査・判定等を行うとともに，時宜を失うことなく障害に応じた療育訓練を行う施設，複数の児童福祉施設の複合体
    - 情緒障害児短期治療施設
      - 軽度の情緒障害を有する児童を短期間入所させ，または保護者の下から通わせてその情緒障害を治す
    - 心身障害児通園事業
      - 市町村が通園の場を設けて，障害児に通園の方法により指導を行い，地域社会が一体となって育成助長を図る事業
  - 国立療養所
    - 進行性筋萎縮症児病床
      - 進行性筋萎縮症児・者を入院させて治療及び日常生活の指導を行う
    - 重症心身障害児病床
      - 重度の知的障害及び重度の肢体不自由が重複している児童を入所させて，治療及び日常生活の指導を行う

出所）内閣府編『障害者白書』（平成 15 年版），p. 192 を一部修正

する者の割合も増えている。しかし，施設の存在が否定されるわけではなく，幼児のための各種通園施設や，重度の障害のある児童のための重症心身障害児施設や肢体不自由児施設などを中心に，医療や学校教育との連携の下で職員には一層専門性の高い処遇が求められているのも現状である。

　障害児教育にかぎらず，教育や児童福祉の最終的なねらいは，自己の意志で生きる道を決定し，社会や家庭にあって機能＝自己実現していく主体性（エンパワーメント）の形成にある。しかし，わが国の障害児の場合には，現実には進学や就職場面などで大きな不利があり，施設や学校で培ったせっかくの力が活かせない場合も多い。年齢に応じたノーマルな生活スタイルが保障されることを大切に，福祉と教育の緊密な連携が求められている。

第2節　いじめ，不登校，非行児童の問題と児童福祉

(1) いじめ問題と児童福祉

　「いじめ」が社会的問題として大きくとりあげられるようになったのは80年代初頭からである。1986年には，文部省により最初の調査が行われて，小学校96,457件，中学校52,891件，高等学校5,718件，総計で155,066件と報告された。これは当時の半数を越える小学校，中学校でいじめが発生していたという大きな数値であった。その後マスコミで，年間数十人に上るいじめ自殺や，いじめ（おどし・暴力）により現金がおどしとられたりする事件が大きく報道されたこともあり，学校やPTA，警察などの連携により強力な封じ込めが行われ，表面的にはいじめの件数は大幅に減少していった。

　しかし，小学生，中学生などの少子化にもかかわらず，2003年度

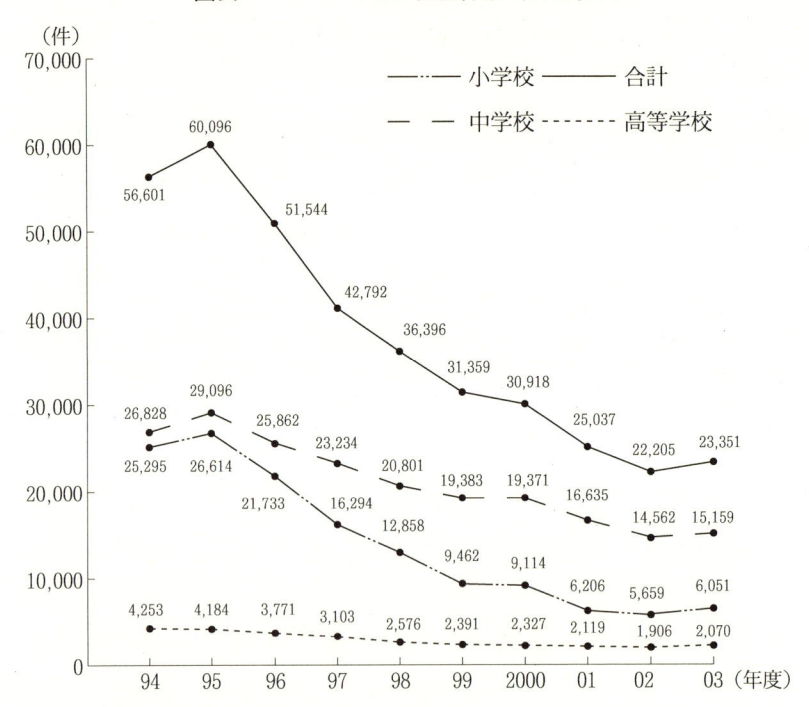

図表8－3　いじめの発生件数（公立学校）

年度	小学校	中学校	高等学校	合計
94	25,295	26,828	4,253	56,601
95	26,614	29,096	4,184	60,096
96	21,733	25,862	3,771	51,544
97	16,294	23,234	3,103	42,792
98	12,858	20,801	2,576	36,396
99	9,462	19,383	2,391	31,359
2000	9,114	19,371	2,327	30,918
01	6,206	16,635	2,119	25,037
02	5,659	14,562	1,906	22,205
03	6,051	15,159	2,070	23,351

注）94年度以降の合計には特殊教育諸学校の発生件数も含む。
資料）「生徒指導上の諸問題の現状について」文部科学省（2003年12月および2004年8月）
出所）『文部科学白書』（平成15年版），p.162，および清水一彦他編『最新教育データブック』（時事通信社，p.97）から作成。

でも，小学校6,051件，中学校15,159件，高等学校2,070件，その他特殊教育小学校分も加えて，総計23,351件ものいじめが報告されている（図表8－3参照）。

　文部省の当初のいじめの定義は「①自分より弱い者に対して一方的に，②身体的・心理的な攻撃を継続的に加え，③相手が深刻な苦痛を感じているものであって，④学校としてその事実を確認しているもの，なお起こった場所は学校の内外を問わないものとする」とするものであった。学校が把握していないいじめはこの件数に入らないのであるから，地域の実態としてはその何倍ものいじめがあるのではないかと

推測されることが大きな問題であった。その後，1994年度からは文部省はいじめを「学校として事実を確認しているもの」という文言を削除し，いじめられた児童，生徒の立場にたってその事実認定を行うよう学校を指導するようになっている。

　いじめ問題を児童福祉の立場から考えると大きな問題が2点ある。その第一は，いじめを受けた体験が心の大きな傷になり，その後の成長過程でのトラウマ（心的外傷後遺症）を形成する懸念である。いじめが直接の原因となる抑鬱，対人恐怖，人間不信，イライラ，不安，不登校などの一次障害のみならず，その後に長く続く自信喪失，自尊感情の低下など，時には児童の成人後の将来までに暗い大きな影を落とす二次障害の問題もある。また，いじめ問題のむずかしさは，いじめる側といじめられる側の関係が逆転することがしばしばあることである。人間関係の調整や心のケアがさまざまな視点から長期的に行われる必要がある。

　第二にはいじめの起こる構造や背景に関連した問題である。学校でのいじめには，それを行う者（集団），いじめられる者，おもしろがっている傍観者および止めに入る者とが存在する。いじめの三層構造あるいは四層構造といわれる人間関係である。しかし，いじめは強い者から，弱い者への身体的，心理的暴力であることから，それは学校内だけで見られることではなく，社会のさまざまな場面，とりわけ閉鎖的で管理的で力関係が一方的な社会（施設職員と入所児童，生徒と教師などが典型的である）では起こりやすいとされるものである。このことはいじめが行われている学校や施設では他にも児童への重大な人権侵害が行われているのではないかと心配される問題に通ずることである。いじめ問題を教育のあり方や心の問題とだけするのでなく，いじめや虐待を止める「子ども権利オンブズパーソン」制度などの社会

的なシステムを考えることも施設や学校では必要である。

いじめの問題の解釈には，児童と家庭，学校の深い信頼関係をどのようにして築くかということが根本の課題となる。その関係の構築のために，専門家として児童福祉関係者のかかわることの期待も大きい。

(2) 不登校児童の問題と児童福祉

不登校児童の存在は60年代から一部の教育関係者では知られていた問題であった。当初は「学校恐怖症」として主として精神医療の対象とされる児童の問題であった。その後，その存在が「登校拒否児」として大きな社会問題になったのは，いじめ問題とほぼ同じ80年代中期頃からのことである。社会問題となった背景には，不登校児童（登校拒否児）への民間の矯正機関による暴力的な「治療」に名を借りた「しごき」による死亡事故などの不幸なできごともあった。

不登校が問題になりだした80年代当初，文部省では不登校児童は，年間50日以上休む長期欠席児童の中の「学校嫌いを理由に学校を休みがちになる児童」と考えていた。しかし，実際には不登校になる理由は学校だけが原因ではないことが広く知られるようになり，その増加に対応して1992年に文部省の中につくられた調査研究協力者会議は，登校拒否を，「①どの子にも起こり得る，②学校，教師の努力，工夫が必要，③地域の関連機関の連携が必要，④学校復帰を目的とせず，自立（適応指導）の施策を考える必要がある」とした報告書を提出した。

不登校（登校拒否）がどの子にも起こり得る問題とされたことで，不登校児の問題は特定の原因による病気として医療の対象となる児童問題ではなく，教育や児童福祉の課題に転換したのである。また，この頃から文部省の登校拒否という言葉に代えて，厚生省の不登校とい

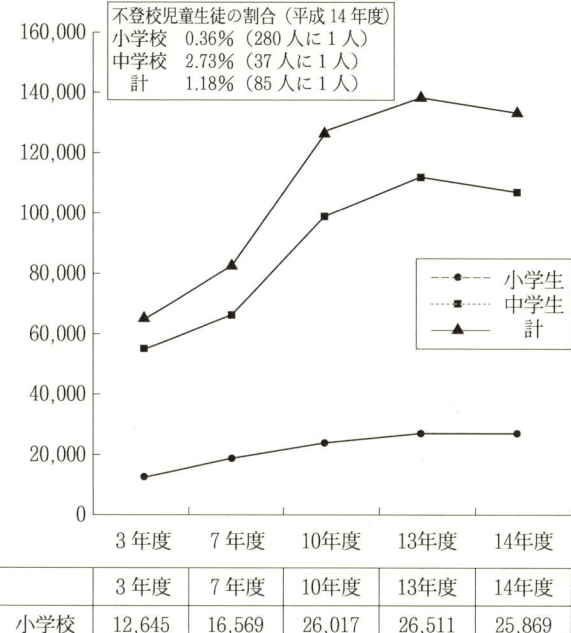

図表8-4　不登校児童生徒数の推移（30日以上）

不登校児童生徒の割合（平成14年度）
小学校　0.36%（280人に1人）
中学校　2.73%（37人に1人）
計　　　1.18%（85人に1人）

	3年度	7年度	10年度	13年度	14年度
小学校	12,645	16,569	26,017	26,511	25,869
中学校	54,172	65,022	101,675	112,211	105,383
計	66,817	81,591	127,692	138,722	131,252

資料）文部科学省「生徒指導上の諸問題の現状と文部科学省の施策について」（平成16年3月）
出所）国立教育政策研究所生徒指導研究センター編『不登校への対応と取り組みについて，小・中学校編』ぎょうせい，p.7

う言葉が広く一般に使われるようになってきた。

1991年度からは文部省はその概念を年間30日以上欠席する児童にまで拡大し，病気や経済的理由，その他特別の理由のある児童を除いた者をその範疇とした。1993年には小学校，中学校あわせて，約5万4,000人だった不登校児童は，2002年度では文部科学省の統計では図表8-4のように約13万人にまで増加している。

不登校になるきっかけと継続している理由にはさまざまな要因が重なっていると考えられるが，文部科学省の分類では中学生では図表8-5のように分類されている。これを大別すれば，図表のように友人関係を含めて学校生活に起因すると考えられる児童が39.4%，家庭生活に起因する児童が17%，病気による欠席も含め本人に原因があると考えられる児童が35.3%が主な理由である。友人関係の中には，先に述べたいじめ問題も含まれている。

図表8－5　不登校となった直接のきっかけと不登校状態が
継続している理由との関係（中学生）

学校生活に起因（39.4%）	友人関係をめぐる問題	21.1%
	教師との関係をめぐる問題	1.4%
	学業の不振	8.8%
	クラブ活動などへの不適応	1.4%
	学校にきまり等をめぐる問題	3.6%
	入学・転編入，進級などの不適応	3.1%
家庭生活に起因（17.0%）	家庭の生活環境の急激な変化	5.1%
	親子関係をめぐる問題	8.2%
	家庭内の不和	3.7%
本人の問題に起因（35.3%）	病気による欠席	6.1%
	本人に関する問題	29.2%
その他不明（8.2%）	その他	3.2%
	不明	5.0%

資料）文部科学省「生徒指導上の諸問題の現状と文部科学省の施策について」2004年3月から作成
出所）図表8－4と同じ

　具体的な不登校児童への行政対応では，都道府県の教育委員会では，1998年度から「心の教室」整備事業を不登校児童の割合の高い中学校を対象にはじめ，現在では全国の公立中学校にひろげつつある。また，80年代末頃から各地の市町村教育（相談）センターなどでの「適応指導教室」などでの活動も活発化している。民間のフリースクールや相談・クリニック活動なども活発化しており，不登校児童を支える活動は全国化している。

　一方，厚生省による不登校児童への対応が本格的にはじまったのは，1994年の「ひきこもり・不登校児童福祉対策モデル事業」によってである。そこでは，「不安，無気力，かん黙，心身症状を示し不登校の状態にある児童に対し，教育分野との連携を図りつつ，児童相談所や児童養護施設，情緒障害児短期治療施設等の機能を十分活用し，児童およびその家族に対する総合的な援助を行う」とされ，施設機能の活用による不登校児童対策が考えられていた。

　モデル事業では，①ふれあい心の友（メンタルフレンド）訪問援助

事業，②不登校児童宿泊等指導事業などが児童相談所を中心に展開されている。その後，1997年の児童福祉法の改正では，不登校児童のために児童自立支援施設の活用なども構想されたが関係者の反対で実現しなかった。近年では，各中学校を中心にスクールカウンセラーがおかれるようになってきたこともあり，不登校児童対策は各学校単位で展開されることが増加し，福祉施設や児童相談所での集団指導やキャンプ活動などは縮小する傾向にある。

　不登校については，その原因・様態から，①情緒的混乱型，②無気力型，③遊び・非行型などと分類することも行われるが，それぞれについて不登校になる前の状況，学校を休んでいる時の状況，登校への働きかけ（刺激）に対する反応などの違いに応じた一人ひとり異なった対応が考えられることが必要である。不登校による一次障害や二次障害にはいじめ問題とも共通する側面が多く，それぞれの児童に対して適切な支援がなされ，その障害を最小にとどめる努力が教育，児童福祉関係者に求められている。不登校児の問題は広く学校生活と家庭生活にかかわる問題であることから，2008年度からは，スクールカウンセラーに加えてスクールソーシャルワーカーがおかれることになった。

(3) 非行児童の問題と児童福祉

　非行児童の概念は盗みや恐喝，集団暴走行為などの明確な犯罪行為から，いじめや家庭内暴力，シンナーや薬物乱用などの問題行動までその範囲は広い。しかも，非行は一般的には他人に迷惑をかける反社会的行動であり，逸脱行動であると考えられているが，その範疇はその時代の社会規範の影響を受けるので，非行行動の定義は必ずしも明確にならない場合もある。

非行児童（少年）の歴史をふりかえると，戦後のわが国では，1950年前後の戦後混乱期における「生活型非行」，1964年前後における「反抗型非行」，1983年前後の「遊び型非行」といわれる3つの大きな波があり，その後非行件数は低下していたが，再び1995年頃以後今日では，少年犯罪の低年齢化，バーチャル（仮想現実）化，普通の子の「とつぜんきれる」問題行動などの多様な特徴を持つ戦後4番目といわれる大きな波に直面している。

　近年における非行児童（少年）の補導状況を示したものが図表8－6である。少子化にもかかわらず，2000年を最少に，刑法犯少年，不良行為少年ともにここ数年増加傾向にある。

図表8－6　非行少年等の補導状況の推移　　　　　　　（単位　人）

	平成11年（'99）	12（'00）	13（'01）	14（'02）	15（'03）
刑法犯少年	141,721	132,336	138,654	141,775	144,404
特別法犯少年	8,340	7,481	7,025	6,449	6,771
触法少年（刑法）	22,503	20,477	20,067	20,477	21,539
触法少年（特別法）	282	285	214	280	355
虞（ぐ）犯少年	1,557	1,887	1,811	1,844	1,627
不良行為少年	1,008,362	885,775	971,881	1,122,233	1,298,568

資料）警察庁「少年の補導及び保護の概況」
出所）厚生統計協会編『国民の福祉の動向』（2004年版），p.99

　非行少年に対応する援助体系は，図表8－7のように，少年法の規定にもとづく満14歳以上の重大な犯罪ケースを内容とする少年に対する司法体系と，家庭環境に原因があると考えられる児童や比較的低年齢の児童を対象に児童福祉法による福祉的な保護体系とに大別される。

　このうち，前者の司法体系による少年法の刑事罰の対象年齢がそれまでの満16歳から引き下げられ満14歳以上とされたのは2001年4月からのことで，凶悪な少年犯罪の増加に対応するためとされた。またその時から，16歳以上の重大犯罪を犯した少年については家庭裁判

図表8-7 非行傾向のある児童への福祉的対応

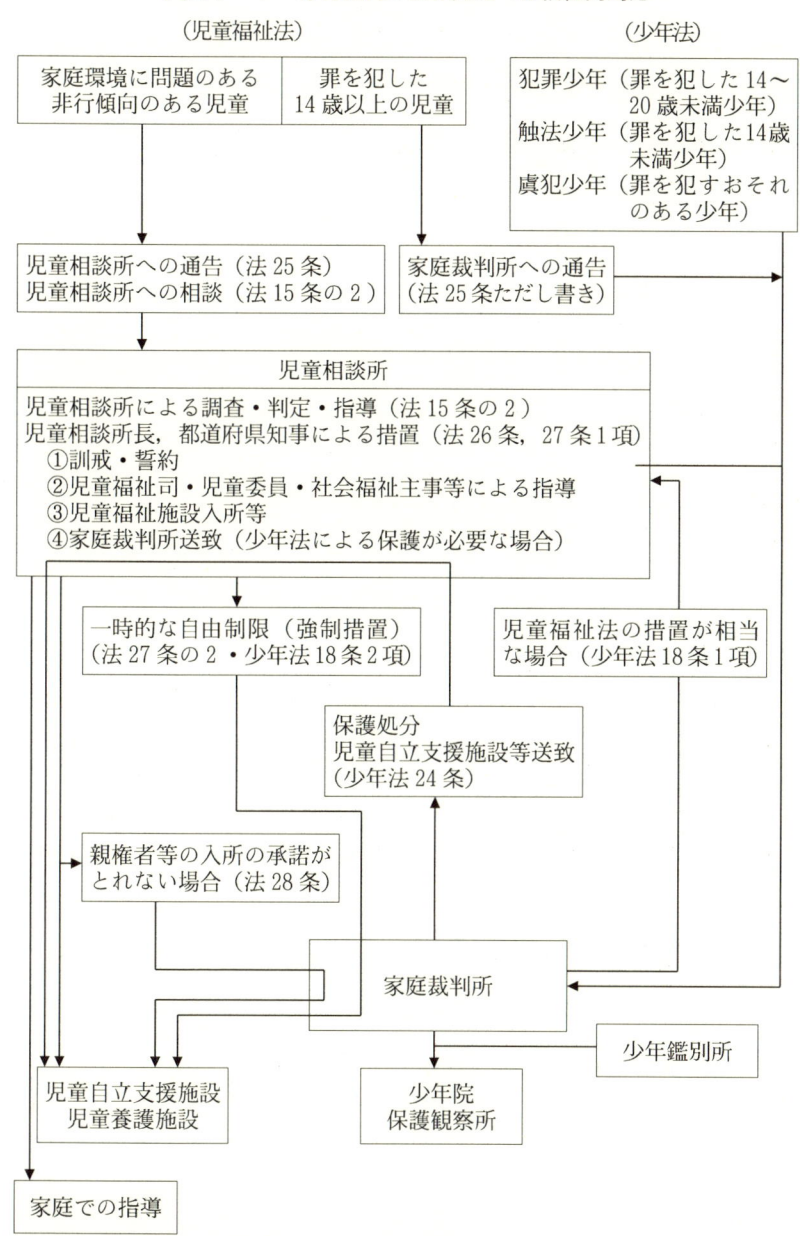

(児童福祉法)　　　　　　　　　　　　　　(少年法)

```
┌─────────────────┬──────────┐    ┌──────────────────────┐
│家庭環境に問題のある│罪を犯した │    │犯罪少年(罪を犯した14~ │
│非行傾向のある児童 │14歳以上の│    │　　　　20歳未満少年) │
│                 │児童      │    │触法少年(罪を犯した14歳│
│                 │          │    │　　　　未満少年)     │
│                 │          │    │虞犯少年(罪を犯すおそれ│
│                 │          │    │　　　　のある少年)   │
└─────────────────┴──────────┘    └──────────────────────┘
```

児童相談所への通告（法25条）　　　家庭裁判所への通告
児童相談所への相談（法15条の2）　（法25条ただし書き）

児童相談所

児童相談所による調査・判定・指導（法15条の2）
児童相談所長，都道府県知事による措置（法26条，27条1項）
　①訓戒・誓約
　②児童福祉司・児童委員・社会福祉主事等による指導
　③児童福祉施設入所等
　④家庭裁判所送致（少年法による保護が必要な場合）

一時的な自由制限（強制措置）　　　児童福祉法の措置が相当
（法27条の2・少年法18条2項）　　な場合（少年法18条1項）

保護処分
児童自立支援施設等送致
（少年法24条）

親権者等の入所の承諾が
とれない場合（法28条）

家庭裁判所

少年鑑別所

児童自立支援施設
児童養護施設

少年院
保護観察所

家庭での指導

出所）厚生統計協会編『国民の福祉の動向』(2004年版), p.99

所から検察官に身柄を戻す「逆送」という処分により成人と同様に刑事裁判を受けさせるものとされた。これらの14歳以上の重大犯罪を犯した少年を矯正する目的で設置されているものが初等，中等，特別，医療の4種類の少年院である。

後者の児童福祉の体系の場合には第3章の第1節で説明したように，児童相談所の調査・判定にもとづいた措置・処分としての訓戒や誓約書の提出，児童福祉司等による指導，施設入所措置，家庭裁判所への送致などがある。

児童相談所での非行相談は2003年度で全国で約1万6,500件程度であり，そのうち約1,200件が児童自立支援施設や児童養護施設への入所措置となっている。家庭での教育，更生機能が十分期待できないと考えられるような環境下の児童では，家庭に代るものとしてやむを得ず一時的に施設への入所が決定されるケースも多い。

児童福祉としての非行問題を考える場合には，関係者による児童への教育的，福祉的な働きかけは当然のことである。非行問題での児童に日常的に接触している家庭や学校，地域社会などの児童へのかかわり姿勢が問題になる場合は多く，適切なかかわりが求められている。非行の芽をできるだけ小さいときに摘みとり，児童の矯正と児童の生活の立て直しのためには，児童やその家庭を地域社会から排除してしまうという発想ではなく，児童にかかわる関連機関の強い連携，協力により家族も含め，児童の生活の場を保障するという総合的な支援体制づくりが必要である。

第3節 ひとり親家庭と児童福祉

(1) ひとり親家庭の動向と特徴

母子家庭や父子家庭をまとめて今日では一般に「ひとり親家庭」とよぶことが多い。従前ではそれらの家庭をよぶのに「片親家庭」としていたが、それが「両親家庭」に対置されることで、なにか「欠損」の「問題家庭」かのような響きがあることから、中立的な「ひとり親家庭」にあらためられてきたのである。父子世帯も含めて、「母子世帯等」という表現をする場合もある。

ひとり親家庭の総数は、厚生労働省の推計では、2003年度では母子世帯が122万3,500世帯、父子世帯が17万2,900世帯とされ過去最高の数値になっている。その動向と理由について詳しくみると図表

図表8−8　母子世帯／父子世帯数の年次比較（単位　人）

年度＼世帯	母子世帯	父子世帯
1983年	71万8100	16万7400
1988年	84万9200	17万3400
1993年	78万9900	15万3800
1998年	95万4900	15万6300
2003年	122万3500	17万2900

資料）厚生労働省「全国母子世帯等調査結果報告」（2003年度）から作成

図表8−9　ひとり親の就業形態

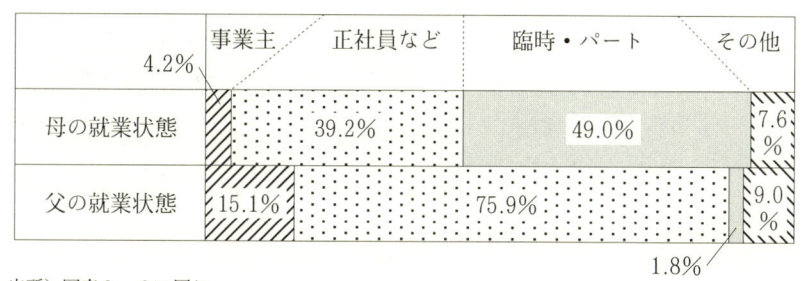

	事業主	正社員など	臨時・パート	その他
母の就業状態	4.2%	39.2%	49.0%	7.6%
父の就業状態	15.1%	75.9%	1.8%	9.0%

出所）図表8−8に同じ。

8－8の通りであり，母子家庭，父子家庭ともに離婚の増加にともない，近年かなりの増加傾向にある。とりわけ母子家庭では前回の98年調査からでは約30万世帯，28％も増加している。2003年度の厚生労働省調査では，ひとり親家庭になった理由をみると，母子家庭では，97万8,500世帯（80％）が，父子家庭でも12万8,900世帯（75％）が離婚を理由にしているが，83年には約4割前後がそうした家庭であったので，母子，父子を問わず近年では死別が減り，離別（離婚）が増加しているのが大きな特徴である。また，母子世帯，父子世帯になった時の母の年齢は平均が33.5歳，父の年齢は38.3歳とされている。就業状態では，図表8－9のように父は75.9％が正社員であるのに対して，母は臨時・パートが49.0％と不安定な状況におかれていることがわかる。一般にひとり親家庭では仕事や家計，家事・育児，住居，教育などで生活上の深刻な悩みを抱える家庭が多いが，とりわけ母子家庭では経済的問題が，父子家庭では家事問題が大きな悩みになっている。

(2) 母子家庭と児童福祉問題

児童の成育基盤としての家庭の重要性とその社会的支援策の必要性については本書の随所でしばしば述べてきたところである。ここでは

図表8－10　養育費の受け取り状況

	現在も養育費を受けている	養育費を受けたことがある	養育費を受けたことがない
1998年	20.8％	16.4％	60.1％
2003年	17.7％	15.4％	66.8％

注）端数処理のためグラフの合計が一致しない。
資料）厚生労働省「全国母子世帯等調査結果報告（2003年度）」「国民生活基礎調査」などから作成

最後に母子家庭の大きな問題である就業支援，経済的な支援の課題と，配偶者からの暴力防止および被害者の保護に関する法律，いわゆるDV（ドメスティック・バイオレンス）防止法についてだけ簡単にみておきたい。

　母子世帯の2003年度における平均年収は212万円と，一般世帯の589万円の約36％程度にとどまっている現状である。そのため2003年4月から，母子及び寡婦福祉法が改正され，離婚した父親に養育費の支払い義務がさだめられた。しかし，実際には養育費を受け取ったことのない世帯は，図表8－10のように66.8％と3分の2以上を占め，しかもその比率が近年低下傾向にあり，法改正の効果はまだ出ていないのが実情である。一方で，第3章にみたような主として母子家庭を対象にした児童扶養手当は「母子家庭の自立促進」という大きな流れのなかで，受給には所得制限が強化され，その額や受給できる年数も削減される傾向が強まっている。とりたてて就職に有利な「資格」などをもたない多くの母親にとって，雇用環境は依然と厳しく，都道府県や市町村による生活保護法の運用の改善やスキルアップのための再就職支援，母子寡婦福祉貸付金制度の充実などのきめ細かな対策が望まれている。

　DV防止法は2001年4月に配偶者からの暴力に苦しむ女性の保護を目的に成立したものである。その後，2004年6月に改定され，児童虐待防止法とも関連し，被害者の同伴する子どもへの接近禁止命令も追加されている。一般に両親が離婚し，母子家庭になる過程は，児童にとっては精神的，肉体的な虐待をともなう場合が多い。児童の健全育成は両親がそろっているから，いないからなどという問題ではなく，どのような家庭であるのかその内容が問われなければならないものである。しかも児童福祉の立場ではどのような家庭形態であろうと

も差別されることなく，その権利が平等に尊重されなければならないことが基本であるのは言うまでもないことである。

参考資料

（1）少子化社会対策大綱（抜粋）

（2）子どもの権利条約（児童の権利に関する条約）（抜粋）

(1) 少子化社会対策大綱（抜粋）

〔平成16年6月4日閣議決定〕

1 大綱策定の目的

　我が国は，世界で最も少子化の進んだ国の一つとなった。合計特殊出生率は過去30年間，人口を維持するのに必要な水準を下回ったまま，ほぼ一貫して下がり続け，この流れが変わる気配は見えていない。日本が「子どもを生み，育てにくい社会」となっている現実を，我々は直視すべき時にきている。

（中略）

　しかし，こうした現実に対する危機感が社会で十分に共有されてきたとはいえない。
　次代を託す新たな生命が育ちにくくなっており，虐待なども起きている現状を社会全体の問題として真摯に受け止め，子どもが健康に育つ社会，子どもを生み，育てることに喜びを感じることができる社会へ転換することが緊喫の課題になっている。
　このため，子どもや子育て家庭を，世代を越え，行政や企業，地域社会も含め，国民すべてが支援する新たな支え合いと連帯を作り上げることが求められている。また，子どもたちの健やかな育ちや自立を促し，さらには親自身の育ちを支援し，子育て・親育て支援社会をつくることを国の最優先課題とすることが求められている。
　我が国の人口が転換期を迎えるこれからの5年程度をとらえ，集中的な取組に踏み出すとともに，その成果を厳正に評価し公表することが急務である。その際，国，地方公共団体，職域，地域，家庭，個人など，社会を構成するすべての主体が，それぞれの責任と役割を自覚し，自主的かつ積極的な取組を進めていく必要がある。
　子どもは社会の希望であり，未来の力である。次代を担う生命がたくましく育ち，自立した責任感のある大人となっていく社会への変貌は，すべてに優先されるべき時代の要請となっている。少子化社会対策基本法に基づき，国の基本施策としてこの少子化社会対策大綱を定め，少子化の流れを変えるための施策を強力に推進する。

2 少子化の流れを変えるための3つの視点

　子育て家庭が安心と喜びをもって子育てに当たれるよう社会全体で応援するとの基本的考え方に立って，少子化の流れを変えるための施策を国を挙げて取り組むべき極めて重要なものと位置付け，今後の政府の取組の方向性を視点として3つ掲げる。
　なお，施策の推進に当たっては，ライフステージの各段階に応じて必要な施策を有機的に組み合わせ，効果的に講じ，受けられる支援の情報が広く的確に届くよう取り組む必要がある。

（1）自立への希望と力
　『若者の自立が難しくなっている状況を変えていく。』
　若者が，自己実現や社会への参画を目指しながら，自己の選択として，職業や結婚，出産，子育てを自らの人生において積極的に位置付けていくことは，自立した社会人となる上で非常に大切なことである。
　しかし，近年それを阻む要因として，若年失業者やいわゆるフリーターの増大など，若者が社会的に自立することが難しい社会経済状況がある。学校を卒業あるいは中退

した後，就職も進学もせずその意欲もない状況に陥る多数の若者の存在が懸念されており，親元に同居し基礎的生活コストを親に支援してもらっている未婚者も増加していることが指摘されている。引きこもりや不登校など子どもたちを取り巻く状況は近年ますます厳しさを増している。

早い頃からの職業意識の醸成のための教育や，教育と雇用との間で連携の取れたキャリア形成を支援することなどにより，若年失業の流れを転換してゆくことが求められている。

また，子どもが自立した若者へと成長していくためには，自然や人と直接ふれあうことによって，心豊かにたくましく育ち，生活や社会，自然とのかかわりを学び，生きる力を発揮できるようにしていくことが重要である。

（2） 不安と障壁の除去
『子育ての不安や負担を軽減し，職場優先の風土を変えていく。』

結婚や出産は個人の決定に基づくものであることはいうまでもない。近年，未婚化，晩婚化が進んでいるが，その背景には結婚に対する考え方の変化がある。また，結婚を望んでも出会いの機会が限られるという状況や，出産を希望しても仕事と子育ての両立の困難からあきらめるといった状況がしばしば指摘される。

家族の多様化，小規模化が進む中で，家庭で子育てに当たる親には子育ての負担を一人で抱え込むこと，社会活動を制限されることなどに対する不安が大きく，子どもを生み，育てる上での障壁も大きい。特に低年齢児や在宅での育児に対する支援は限られている。

また，日本では，父親が育児にかける時間が世界でも突出して少ないことが指摘され，妻の就労の有無にかかわらず，父親が親としての役割を積極的に果たすことが，子育て家庭の育児ストレスや不安の解消のみならず，子どもの健全な育ちのためにも重要になっている。親となった男性がその役割を十分担うことができるよう，職場を始め社会が応援する風土や意識が求められている。

さらに，子どもが小さいうちは家庭で育てたいと願い退職した者が，その後必ずしも自らの意欲や能力をいかした良好な再就職の機会に恵まれていない。

結婚や出産をためらわせる障壁を極力取り除き，子育ての不安や負担を軽減するため，希望する者が結婚や出産，子育てをしやすい環境整備と併せ，職場優先の風土を是正する「働き方の見直し」を喫緊の課題とし，家族の時間や私的活動の時間を大切にできる職場風土をつくることが求められている。

（3） 子育ての新たな支え合いと連帯 ―家族のきずなと地域のきずな―
『生命を次代に伝えはぐくんでいくことや家庭を築くことの大切さの理解を深めていく。』

家庭は，子どもが親や家族との愛情によるきずなを形成し，人に対する基本的な信頼感や倫理観，自立心などを身に付けていく場である。しかし，職場優先の風潮などから子どもに対し時間的・精神的に十分向き合うことができていない親，無関心や放任といった極端な養育態度の親などの問題が指摘されている。家庭において夫婦が子育ての喜びを共有することで，親から子へ子育ての喜びや楽しさが伝えられることにもつながる。

人々が自由や気楽さを望むあまり，家庭を築くことや生命を継承していくことの大切さへの意識が失われつつあるとの指摘もある。学校教育や地域社会など様々な社会とのかかわりの中で子育ての楽しさを実感し，自らの生命を次代に伝えはぐくんでいくことや，家庭を築くことの大切さの理解を深めることが求められている。

『子育て・親育て支援社会をつくり，地域や社会全体で変えていく。』
　子育ては父母その他の保護者が第一義的責任を持つものである。同時に，子育ては次代の担い手を育成する営みであるという観点から，子どもの価値を社会全体で共有し，子育て家庭が安心と喜びをもって子育てに当たれるよう社会全体で支援することが求められている。
　近年，核家族化，地域社会の変化など，子育てをめぐる環境が大きく変化したため，家庭のみでは子育てを負い切れなくなってきており，さらには虐待などが深刻な問題となっている。祖父母などの親族や，近隣など身近な地域社会での助け合いのネットワークが有効に機能することが望まれる。また，社会経済の変化や少子化に伴い，妊娠，出産から子どもの健全な育ちにかかわるニーズは大きく変化してきており，小児医療，母子保健などの多様なニーズに対し，適切な対応が求められている。
　このため，かつて家族や地域・集落が担っていた次代の育成を支援する機能を，地域や社会の力を借りて，現代社会にふさわしい形で再構築するとともに，子育てを社会全体で支援していく「新たな支え合いと連帯による子育て支援」の体制をつくり上げていくことが求められている。
　また，公共空間を始めとする生活環境において，妊婦，子ども及び子ども連れの人への配慮が行き届いた「子育てバリアフリー」を推進するとともに，地域，職場など社会のあらゆる場面で，子育てや家庭生活が尊重され，社会を挙げて子育てを応援する社会風土の醸成や子どもを大切にする国づくりが求められている。
　その際，国，地方公共団体，職域，地域，家庭，個人など，社会を構成するすべての主体が，それぞれの責任と役割を自覚し，自主的かつ積極的な取組を進めていく必要がある。

3　少子化の流れを変えるための4つの重点課題
（1）　若者の自立とたくましい子どもの育ち
　　　（説明文省略）

（2）　仕事と家庭の両立支援と働き方の見直し
　　　（説明文省略）

（3）　生命の大切さ，家庭の役割等についての理解
　　　（説明文省略）

（4）　子育ての新たな支え合いと連帯
　　　（説明文省略）

重点課題に取り組むための28の行動

　上記の3つの視点で示された方向性を踏まえ，4つの重点課題を受けて，まず着手する当面の具体的行動を28項目掲げて実践する。さらに，重点課題を実現するために必要な取組についても推進する。

【若者の自立とたくましい子どもの育ち】（各説明文省略）
- （1）　若者の就労支援に取り組む
- （2）　奨学金の充実を図る
- （3）　体験を通じ豊かな人間性を育成する
- （4）　子どもの学びを支援する

【仕事と家庭の両立支援と働き方の見直し】（各説明文省略）
- （5）　企業等におけるもう一段の取組を推進する
- （6）　育児休業制度等についての取組を推進する
- （7）　男性の子育て参加促進のための父親プログラム等を普及する
- （8）　労働時間の短縮等仕事と生活の調和のとれた働き方の実現に向けた環境整備を図る
- （9）　妊娠・出産しても安心して働き続けられる職場環境の整備を進める
- （10）　再就職等を促進する

【生命の大切さ，家庭の役割等についての理解】（各説明文省略）
- （11）　乳幼児とふれあう機会の充実等を図る
- （12）　生命の大切さ，家庭の役割等について理解を進める
- （13）　安心して子どもを生み，育てることができる社会の形成についての理解を進める

【子育ての新たな支え合いと連帯】（各説明文省略）
- （14）　就学前の児童の教育・保育を充実する
- （15）　放課後対策を充実する
- （16）　地域における子育て支援の拠点等の整備及び機能の充実を図る
- （17）　家庭教育の支援に取り組む
- （18）　地域住民の力の活用，民間団体の支援，世代間交流を促進する
- （19）　児童虐待防止対策を推進する
- （20）　特に支援を必要とする家庭の子育て支援を推進する
- （21）　行政サービスの一元化を推進する
- （22）　小児医療体制を充実する
- （23）　子どもの健康を支援する
- （24）　妊娠・出産の支援体制，周産期医療体制を充実する
- （25）　不妊治療への支援等に取り組む
- （26）　良質な住宅・居住環境の確保を図る
- （27）　子育てバリアフリーなどを推進する
- （28）　児童手当の充実を図り，税制の在り方の検討を深める

(2) 子どもの権利条約（児童の権利に関する条約）（抜粋）

（平成六・五・一六）
（条　約　二　号）

1989・11・20　国際連合総会第44会期採択
1994・5・22　日本国について発効
最新改正　平成15条約3・外告183

各条文の〔　〕内の見出しは，国際教育法研究会訳「子どもの権利に関する条約」による。

前　文

この条約の締約国は，

　国際連合憲章において宣明された原則によれば，人類社会のすべての構成員の固有の尊厳及び平等のかつ奪い得ない権利を認めることが世界における自由，正義及び平和の基礎を成すものであることを考慮し，

　国際連合加盟国の国民が，国際連合憲章において，基本的人権並びに人間の尊厳及び価値に関する信念を改めて確認し，かつ，一層大きな自由の中で社会的進歩及び生活水準の向上を促進することを決意したことに留意し，

　国際連合が，世界人権宣言及び人権に関する国際規約において，すべての人は人種，皮膚の色，性，言語，宗教，政治的意見その他の意見，国民的若しくは社会的出身，財産，出生又は他の地位等によるいかなる差別もなしに同宣言及び同規約に掲げるすべての権利及び自由を享有することができることを宣明し及び合意したことを認め，

　国際連合が，世界人権宣言において，児童は特別な保護及び援助についての権利を享有することができることを宣明したことを想起し，

　家族が，社会の基礎的な集団として，並びに家族のすべての構成員特に児童の成長及び福祉のための自然な環境として，社会においてその責任を十分に引き受けることができるよう必要な保護及び援助を与えられるべきであることを確信し，

　児童が，その人格の完全なかつ調和のとれた発達のため，家庭環境の下で幸福，愛情及び理解のある雰囲気の中で成長すべきであることを認め，

　児童が，社会において個人として生活するため十分な準備が整えられるべきであり，かつ，国際連合憲章において宣明された理想の精神並びに特に平和，尊厳，寛容，自由，平等及び連帯の精神に従って育てられるべきであることを考慮し，

　児童に対して特別な保護を与えることの必要性が，千九百二十四年の児童の権利に関するジュネーヴ宣言及び千九百五十九年十一月二十日に国際連合総会で採択された児童の権利に関する宣言において述べられており，また，世界人権宣言，市民的及び政治的権利に関する国際規約（特に第二十三条及び第二十四条），経済的，社会的及び文化的権利に関する国際規約（特に第十条）並びに児童の福祉に関係する専門機関及び国際機関の規程及び関連文書において認められていることに留意し，

　児童の権利に関する宣言において示されているとおり「児童は，身体的及び精神的に未熟であるため，その出生の前後において，適当な法的保護を含む特別な保護及び世話を必要とする。」ことに留意し，

国内の又は国際的な里親委託及び養子縁組を特に考慮した児童の保護及び福祉についての社会的及び法的な原則に関する宣言，少年司法の運用のための国際連合最低基準規則（北京規則）及び緊急事態及び武力紛争における女子及び児童の保護に関する宣言の規定を想起し，

　極めて困難な条件の下で生活している児童が世界のすべての国に存在すること，また，このような児童が特別の配慮を必要としていることを認め，

　児童の保護及び調和のとれた発達のために各人民の伝統及び文化的価値が有する重要性を十分に考慮し，

　あらゆる国特に開発途上国における児童の生活条件を改善するために国際協力が重要であることを認めて，

　次のとおり協定した。

　　第一部

第一条〔子どもの定義〕
　この条約の適用上，児童とは，十八歳未満のすべての者をいう。ただし，当該児童で，その者に適用される法律によりより早く成年に達したものを除く。
第二条〔差別の禁止〕
1　締約国は，その管轄の下にある児童に対し，児童又はその父母若しくは法定保護者の人種，皮膚の色，性，言語，宗教，政治的意見その他の意見，国民的，種族的若しくは社会的出身，財産，心身障害，出生又は他の地位にかかわらず，いかなる差別もなしにこの条約に定める権利を尊重し，及び確保する。
2　締約国は，児童がその父母，法定保護者又は家族の構成員の地位，活動，表明した意見又は信念によるあらゆる形態の差別又は処罰から保護されることを確保するためのすべての適当な措置をとる。
第三条〔子どもの最善の利益〕
1　児童に関するすべての措置をとるに当たっては，公的若しくは私的な社会福祉施設，裁判所，行政当局又は立法機関のいずれによって行われるものであっても，児童の最善の利益が主として考慮されるものとする。
2　締約国は，児童の父母，法定保護者又は児童について法的に責任を有する他の者の権利及び義務を考慮に入れて，児童の福祉に必要な保護及び養護を確保することを約束し，このため，すべての適当な立法上及び行政上の措置をとる。
3　締約国は，児童の養護又は保護のための施設，役務の提供及び設備が，特に安全及び健康の分野に関し並びにこれらの職員の数及び適格性並びに適正な監督に関し権限のある当局の設定した基準に適合することを確保する。
第四条〔締約国の実施義務〕
　締約国は，この条約において認められる権利の実現のため，すべての適当な立法措置，行政措置その他の措置を講ずる。締約国は，経済的，社会的及び文化的権利に関しては，自国における利用可能な手段の最大限の範囲内で，また，必要な場合には国際協力の枠内で，これらの措置を講ずる。
第五条〔親の指導の尊重〕
　締約国は，児童がこの条約において認められる権利を行使するに当たり，父母若しくは場合により地方の慣習により定められている大家族若しくは共同体の構成員，法定保

護者又は児童について法的に責任を有する他の者がその児童の発達しつつある能力に適合する方法で適当な指示及び指導を与える責任，権利及び義務を尊重する。
第六条〔生命への権利，生存・発達の確保〕
1　締約国は，すべての児童が生命に対する固有の権利を有することを認める。
2　締約国は，児童の生存及び発達を可能な最大限の範囲において確保する。
第七条〔名前・国籍を得る権利，親を知り養育される権利〕
1　児童は，出生の後直ちに登録される。児童は，出生の時から氏名を有する権利及び国籍を取得する権利を有するものとし，また，できる限りその父母を知りかつその父母によって養育される権利を有する。
2　締約国は，特に児童が無国籍となる場合を含めて，国内法及びこの分野における関連する国際文書に基づく自国の義務に従い，1の権利の実現を確保する。
第八条〔アイデンティティの保全〕
1　締約国は，児童が法律によって認められた国籍，氏名及び家族関係を含むその身元関係事項について不法に干渉されることなく保持する権利を尊重することを約束する。
2　締約国は，児童がその身元関係事項の一部又は全部を不法に奪われた場合には，その身元関係事項を速やかに回復するため，適当な援助及び保護を与える。
第九条〔親からの分離禁止と分離のための手続〕
1　締約国は，児童がその父母の意思に反してその父母から分離されないことを確保する。ただし，権限のある当局が司法の審査に従うことを条件として適用のある法律及び手続に従いその分離が児童の最善の利益のために必要であると決定する場合は，この限りでない。このような決定は，父母が児童を虐待し若しくは放置する場合又は父母が別居しており児童の居住地を決定しなければならない場合のような特定の場合において必要となることがある。
2　すべての関係当事者は，1の規定に基づくいかなる手続においても，その手続に参加しかつ自己の意見を述べる機会を有する。
3　締約国は，児童の最善の利益に反する場合を除くほか，父母の一方又は双方から分離されている児童が定期的に父母のいずれとも人的な関係及び直接の接触を維持する権利を尊重する。
4　3の分離が，締約国がとった父母の一方若しくは双方又は児童の抑留，拘禁，追放，退去強制，死亡（その者が当該締約国により身体を拘束されている間に何らかの理由により生じた死亡を含む。）等のいずれかの措置に基づく場合には，当該締約国は，要請に応じ，父母，児童又は適当な場合には家族の他の構成員に対し，家族のうち不在となっている者の所在に関する重要な情報を提供する。ただし，その情報の提供が児童の福祉を害する場合は，この限りでない。締約国は，更に，その要請の提出自体が関係者に悪影響を及ぼさないことを確保する。
第十条〔家族再会のための出入国〕
1　前条1の規定に基づく締約国の義務に従い，家族の再統合を目的とする児童又はその父母による締約国への入国又は締約国からの出国の申請については，締約国が積極的，人道的かつ迅速な方法で取り扱う。締約国は，更に，その申請の提出が申請者及びその家族の構成員に悪影響を及ぼさないことを確保する。
2　父母と異なる国に居住する児童は，例外的な事情がある場合を除くほか定期的に父母との人的な関係及び直接の接触を維持する権利を有する。このため，前条1の規定

に基づく締約国の義務に従い，締約国は，児童及びその父母がいずれの国（自国を含む。）からも出国し，かつ，自国に入国する権利を尊重する。出国する権利は，法律で定められ，国の安全，公の秩序，公衆の健康若しくは道徳又は他の者の権利及び自由を保護するために必要であり，かつ，この条約において認められる他の権利と両立する制限にのみ従う。

第十一条〔国外不法移送・不返還の防止〕
1　締約国は，児童が不法に国外へ移送されることを防止し及び国外から帰還することができない事態を除去するための措置を講ずる。
2　このため，締約国は，二国間若しくは多数国間の協定の締結又は現行の協定への加入を促進する。

第十二条〔意見表明権〕
1　締約国は，自己の意見を形成する能力のある児童がその児童に影響を及ぼすすべての事項について自由に自己の意見を表明する権利を確保する。この場合において，児童の意見は，その児童の年齢及び成熟度に従って相応に考慮されるものとする。
2　このため，児童は，特に，自己に影響を及ぼすあらゆる司法上及び行政上の手続において，国内法の手続規則に合致する方法により直接に又は代理人若しくは適当な団体を通じて聴取される機会を与えられる。

第十三条〔表現・情報の自由〕
1　児童は，表現の自由についての権利を有する。この権利には，口頭，手書き若しくは印刷，芸術の形態又は自ら選択する他の方法により，国境とのかかわりなく，あらゆる種類の情報及び考えを求め，受け及び伝える自由を含む。
2　1の権利の行使については，一定の制限を課することができる。ただし，その制限は，法律によって定められ，かつ，次の目的のために必要とされるものに限る。
　(a)　他の者の権利又は信用の尊重
　(b)　国の安全，公の秩序又は公衆の健康若しくは道徳の保護

第十四条〔思想・良心・宗教の自由〕
1　締約国は，思想，良心及び宗教の自由についての児童の権利を尊重する。
2　締約国は，児童が1の権利を行使するに当たり，父母及び場合により法定保護者が児童に対しその発達しつつある能力に適合する方法で指示を与える権利及び義務を尊重する。
3　宗教又は信念を表明する自由については，法律で定める制限であって公共の安全，公の秩序，公衆の健康若しくは道徳又は他の者の基本的な権利及び自由を保護するために必要なもののみを課することができる。

第十五条〔結社・集会の自由〕
1　締約国は，結社の自由及び平和的な集会の自由についての児童の権利を認める。
2　1の権利の行使については，法律で定める制限であって国の安全若しくは公共の安全，公の秩序，公衆の健康若しくは道徳の保護又は他の者の権利及び自由の保護のため民主的社会において必要なもの以外のいかなる制限も課することができない。

第十六条〔プライバシィ・通信・名誉の保護〕
1　いかなる児童も，その私生活，家族，住居若しくは通信に対して恣意的に若しくは不法に干渉され又は名誉及び信用を不法に攻撃されない。
2　児童は，1の干渉又は攻撃に対する法律の保護を受ける権利を有する。

第十七条〔マス・メディアへのアクセス〕
　締約国は，大衆媒体（マス・メディア）の果たす重要な機能を認め，児童が国の内外の多様な情報源からの情報及び資料，特に児童の社会面，精神面及び道徳面の福祉並びに心身の健康の促進を目的とした情報及び資料を利用することができることを確保する。このため，締約国は，
　(a)　児童にとって社会面及び文化面において有益であり，かつ，第二十九条の精神に沿う情報及び資料を大衆媒体（マス・メディア）が普及させるよう奨励する。
　(b)　国の内外の多様な情報源（文化的にも多様な情報源を含む。）からの情報及び資料の作成，交換及び普及における国際協力を奨励する。
　(c)　児童用書籍の作成及び普及を奨励する。
　(d)　少数集団に属し又は原住民である児童の言語上の必要性について大衆媒体（マス・メディア）が特に考慮するよう奨励する。
　(e)　第十三条及び次条の規定に留意して，児童の福祉に有害な情報及び資料から児童を保護するための適当な指針を発展させることを奨励する。

第十八条〔親の第一次的養育責任と国の援助〕
１　締約国は，児童の養育及び発達について父母が共同の責任を有するという原則についての認識を確保するために最善の努力を払う。父母又は場合により法定保護者は，児童の養育及び発達についての第一義的な責任を有する。児童の最善の利益は，これらの者の基本的な関心事項となるものとする。
２　締約国は，この条約に定める権利を保障し及び促進するため，父母及び法定保護者が児童の養育についての責任を遂行するに当たりこれらの者に対して適当な援助を与えるものとし，また，児童の養護のための施設，設備及び役務の提供の発展を確保する。
３　締約国は，父母が働いている児童が利益する資格を有する児童の養護のための役務の提供及び設備からその児童が便益を受ける権利を有することを確保するためのすべての適当な措置をとる。

第十九条〔親による虐待・放任・搾取からの保護〕
１　締約国は，児童が父母，法定保護者又は児童を監護する他の者による監護を受けている間において，あらゆる形態の身体的若しくは精神的な暴力，傷害若しくは虐待，放置若しくは怠慢な取扱い，不当な取扱い又は搾取（性的虐待を含む。）からその児童を保護するためすべての適当な立法上，行政上，社会上及び教育上の措置をとる。
２　１の保護措置には，適当な場合には，児童及び児童を監護する者のために必要な援助を与える社会的計画の作成その他の形態による防止のための効果的な手続並びに１に定める児童の不当な取扱いの事件の発見，報告，付託，調査，処置及び事後措置並びに適当な場合には司法の関与に関する効果的な手続を含むものとする。

第二十条〔家庭環境を奪われた子どもの養護〕
１　一時的若しくは恒久的にその家庭環境を奪われた児童又は児童自身の最善の利益にかんがみその家庭環境にとどまることが認められない児童は，国が与える特別の保護及び援助を受ける権利を有する。
２　締約国は，自国の国内法に従い，１の児童のための代替的な監護を確保する。
３　２の監護には，特に，里親委託，イスラム法のカファーラ，養子縁組又は必要な場合には児童の監護のための適当な施設への収容を含むことができる。解決策の検討に

当たっては，児童の養育において継続性が望ましいこと並びに児童の種族的，宗教的，文化的及び言語的な背景について，十分な考慮を払うものとする。

第二十一条〔養子縁組〕

養子縁組の制度を認め又は許容している締約国は，児童の最善の利益について最大の考慮が払われることを確保するものとし，また，

(a) 児童の養子縁組が権限のある当局によってのみ認められることを確保する。この場合において，当該権限のある当局は，適用のある法律及び手続に従い，かつ，信頼し得るすべての関連情報に基づき，養子縁組が父母，親族及び法定保護者に関する児童の状況にかんがみ許容されること並びに必要な場合には，関係者が所要のカウンセリングに基づき養子縁組について事情を知らされた上での同意を与えていることを認定する。

(b) 児童がその出身国内において里親若しくは養家に託され又は適切な方法で監護を受けることができない場合には，これに代わる児童の監護の手段として国際的な養子縁組を考慮することができることを認める。

(c) 国際的な養子縁組が行われる児童が国内における養子縁組の場合における保護及び基準と同等のものを享受することを確保する。

(d) 国際的な養子縁組において当該養子縁組が関係者に不当な金銭上の利得をもたらすことがないことを確保するためのすべての適当な措置をとる。

(e) 適当な場合には，二国間又は多数国間の取決め又は協定を締結することによりこの条の目的を促進し，及びこの枠組みの範囲内で他国における児童の養子縁組が権限のある当局又は機関によって行われることを確保するよう努める。

第二十二条〔難民の子どもの保護・援助〕

1 締約国は，難民の地位を求めている児童又は適用のある国際法及び国際的な手続若しくは国内法及び国内的な手続に基づき難民と認められている児童が，父母又は他の者に付き添われているかいないかを問わず，この条約及び自国が締約国となっている人権又は人道に関する他の国際文書に定める権利であって適用のあるものの享受に当たり，適当な保護及び人道的援助を受けることを確保するための適当な措置をとる。

2 このため，締約国は，適当と認める場合には，1の児童を保護し及び援助するため，並びに難民の児童の家族との再統合に必要な情報を得ることを目的としてその難民の児童の父母又は家族の他の構成員を捜すため，国際連合及びこれと協力する他の権限のある政府間機関又は関係非政府機関による努力に協力する。その難民の児童は，父母又は家族の他の構成員が発見されない場合には，何らかの理由により恒久的又は一時的にその家庭環境を奪われた他の児童と同様にこの条約に定める保護が与えられる。

第二十三条〔障害児の権利〕

1 締約国は，精神的又は身体的な障害を有する児童が，その尊厳を確保し，自立を促進し及び社会への積極的な参加を容易にする条件の下で十分かつ相応な生活を享受すべきであることを認める。

2 締約国は，障害を有する児童が特別の養護についての権利を有することを認めるものとし，利用可能な手段の下で，申込みに応じた，かつ，当該児童の状況及び父母又は当該児童を養護している他の者の事情に適した援助を，これを受ける資格を有する児童及びこのような児童の養護について責任を有する者に与えることを奨励し，かつ，確保する。

3 障害を有する児童の特別な必要を認めて，2の規定に従って与えられる援助は，父母又は当該児童を養護している他の者の資力を考慮して可能な限り無償で与えられるものとし，かつ，障害を有する児童が可能な限り社会への統合及び個人の発達（文化的及び精神的な発達を含む。）を達成することに資する方法で当該児童が教育，訓練，保健サービス，リハビリテーション・サービス，雇用のための準備及びレクリエーションの機会を実質的に利用し及び享受することができるように行われるものとする。
4 締約国は，国際協力の精神により，予防的な保健並びに障害を有する児童の医学的，心理学的及び機能的治療の分野における適当な情報の交換（リハビリテーション，教育及び職業サービスの方法に関する情報の普及及び利用を含む。）であってこれらの分野における自国の能力及び技術を向上させ並びに自国の経験を広げることができるようにすることを目的とするものを促進する。これに関しては，特に，開発途上国の必要を考慮する。

第二十四条〔健康・医療への権利〕
1 締約国は，到達可能な最高水準の健康を享受すること並びに病気の治療及び健康の回復のための便宜を与えられることについての児童の権利を認める。締約国は，いかなる児童もこのような保健サービスを利用する権利が奪われないことを確保するために努力する。
2 締約国は，1の権利の完全な実現を追求するものとし，特に，次のことのための適当な措置をとる。
  (a) 幼児及び児童の死亡率を低下させること。
  (b) 基礎的な保健の発展に重点を置いて必要な医療及び保健をすべての児童に提供することを確保すること。
  (c) 環境汚染の危険を考慮に入れて，基礎的な保健の枠組みの範囲内で行われることを含めて，特に容易に利用可能な技術の適用により並びに十分に栄養のある食物及び清潔な飲料水の供給を通じて，疾病及び栄養不良と戦うこと。
  (d) 母親のための産前産後の適当な保健を確保すること。
  (e) 社会のすべての構成員特に父母及び児童が，児童の健康及び栄養，母乳による育児の利点，衛生（環境衛生を含む。）並びに事故の防止についての基礎的な知識に関して，情報を提供され，教育を受ける機会を有し及びその知識の使用について支援されることを確保すること。
  (f) 予防的な保健，父母のための指導並びに家族計画に関する教育及びサービスを発展させること。
3 締約国は，児童の健康を害するような伝統的な慣行を廃止するため，効果的かつ適当なすべての措置をとる。
4 締約国は，この条において認められる権利の完全な実現を漸進的に達成するため，国際協力を促進し及び奨励することを約束する。これに関しては，特に，開発途上国の必要を考慮する。

第二十五条〔医療施設等に措置された子どもの定期的審査〕
  締約国は，児童の身体又は精神の養護，保護又は治療を目的として権限のある当局によって収容された児童に対する処遇及びその収容に関連する他のすべての状況に関する定期的な審査が行われることについての児童の権利を認める。

第二十六条〔社会保障への権利〕

1 締約国は,すべての児童が社会保険その他の社会保障からの給付を受ける権利を認めるものとし,自国の国内法に従い,この権利の完全な実現を達成するための必要な措置をとる。
2 1の給付は,適当な場合には,児童及びその扶養について責任を有する者の資力及び事情並びに児童によって又は児童に代わって行われる給付の申請に関する他のすべての事項を考慮して,与えられるものとする。

第二十七条〔生活水準への権利〕
1 締約国は,児童の身体的,精神的,道徳的及び社会的な発達のための相当な生活水準についてのすべての児童の権利を認める。
2 父母又は児童について責任を有する他の者は,自己の能力及び資力の範囲内で,児童の発達に必要な生活条件を確保することについての第一義的な責任を有する。
3 締約国は,国内事情に従い,かつ,その能力の範囲内で,1の権利の実現のため,父母及び児童について責任を有する他の者を援助するための適当な措置をとるものとし,また,必要な場合には,特に栄養,衣類及び住居に関して,物的援助及び支援計画を提供する。
4 締約国は,父母又は児童について金銭上の責任を有する他の者から,児童の扶養料を自国内で及び外国から,回収することを確保するためのすべての適当な措置をとる。特に,児童について金銭上の責任を有する者が児童と異なる国に居住している場合には,締約国は,国際協定への加入又は国際協定の締結及び他の適当な取決めの作成を促進する。

第二十八条〔教育への権利〕
1 締約国は,教育についての児童の権利を認めるものとし,この権利を漸進的にかつ機会の平等を基礎として達成するため,特に,
 (a) 初等教育を義務的なものとし,すべての者に対して無償のものとする。
 (b) 種々の形態の中等教育(一般教育及び職業教育を含む。)の発展を奨励し,すべての児童に対し,これらの中等教育が利用可能であり,かつ,これらを利用する機会が与えられるものとし,例えば,無償教育の導入,必要な場合における財政的援助の提供のような適当な措置をとる。
 (c) すべての適当な方法により,能力に応じ,すべての者に対して高等教育を利用する機会が与えられるものとする。
 (d) すべての児童に対し,教育及び職業に関する情報及び指導が利用可能であり,かつ,これらを利用する機会が与えられるものとする。
 (e) 定期的な登校及び中途退学率の減少を奨励するための措置をとる。
2 締約国は,学校の規律が児童の人間の尊厳に適合する方法で及びこの条約に従って運用されることを確保するためのすべての適当な措置をとる。
3 締約国は,特に全世界における無知及び非識字の廃絶に寄与し並びに科学上及び技術上の知識並びに最新の教育方法の利用を容易にするため,教育に関する事項についての国際協力を促進し,及び奨励する。これに関しては,特に,開発途上国の必要を考慮する。

第二十九条〔教育の目的〕
1 締約国は,児童の教育が次のことを指向すべきことに同意する。
 (a) 児童の人格,才能並びに精神的及び身体的な能力をその可能な最大限度まで発達

させること。
(b) 人権及び基本的自由並びに国際連合憲章にうたう原則の尊重を育成すること。
(c) 児童の父母，児童の文化的同一性，言語及び価値観，児童の居住国及び出身国の国民的価値観並びに自己の文明と異なる文明に対する尊重を育成すること。
(d) すべての人民の間の，種族的，国民的及び宗教的集団の間の並びに原住民である者の間の理解，平和，寛容，両性の平等及び友好の精神に従い，自由な社会における責任ある生活のために児童に準備させること。
(e) 自然環境の尊重を育成すること。
2 この条又は前条のいかなる規定も，個人及び団体が教育機関を設置し及び管理する自由を妨げるものと解してはならない。ただし，常に，1に定める原則が遵守されること及び当該教育機関において行われる教育が国によって定められる最低限度の基準に適合することを条件とする。

第三十条〔少数者・先住民の子どもの権利〕
種族的，宗教的若しくは言語的少数民族又は原住民である者が存在する国において，当該少数民族に属し又は原住民である児童は，その集団の他の構成員とともに自己の文化を享有し，自己の宗教を信仰しかつ実践し又は自己の言語を使用する権利を否定されない。

第三十一条〔休息・余暇，遊び，文化的・芸術的生活への参加〕
1 締約国は，休息及び余暇についての児童の権利並びに児童がその年齢に適した遊び及びレクリエーションの活動を行い並びに文化的な生活及び芸術に自由に参加する権利を認める。
2 締約国は，児童が文化的及び芸術的な生活に十分に参加する権利を尊重しかつ促進するものとし，文化的及び芸術的な活動並びにレクリエーション及び余暇の活動のための適当かつ平等な機会の提供を奨励する。

第三十二条〔経済的搾取・有害労働からの保護〕
1 締約国は，児童が経済的な搾取から保護され及び危険となり若しくは児童の教育の妨げとなり又は児童の健康若しくは身体的，精神的，道徳的若しくは社会的な発達に有害となるおそれのある労働への従事から保護される権利を認める。
2 締約国は，この条の規定の実施を確保するための立法上，行政上，社会上及び教育上の措置をとる。このため，締約国は，他の国際文書の関連規定を考慮して，特に，
(a) 雇用が認められるための一又は二以上の最低年齢を定める。
(b) 労働時間及び労働条件についての適当な規則を定める。
(c) この条の規定の効果的な実施を確保するための適当な罰則その他の制裁を定める。

第三十三条〔麻薬・向精神薬からの保護〕
締約国は，関連する国際条約に定義された麻薬及び向精神薬の不正な使用から児童を保護し並びにこれらの物質の不正な生産及び取引における児童の使用を防止するための立法上，行政上，社会上及び教育上の措置を含むすべての適当な措置をとる。

第三十四条〔性的搾取・虐待からの保護〕
締約国は，あらゆる形態の性的搾取及び性的虐待から児童を保護することを約束する。このため，締約国は，特に，次のことを防止するためのすべての適当な国内，二国間及び多数国間の措置をとる。
(a) 不法な性的な行為を行うことを児童に対して勧誘し又は強制すること。

(b)　売春又は他の不法な性的な業務において児童を搾取的に使用すること。
　(c)　わいせつな演技及び物において児童を搾取的に使用すること。
第三十五条〔誘拐・売買・取引の防止〕
　締約国は，あらゆる目的のための又はあらゆる形態の児童の誘拐，売買又は取引を防止するためのすべての適当な国内，二国間及び多数国間の措置をとる。
第三十六条〔他のあらゆる形態の搾取からの保護〕
　締約国は，いずれかの面において児童の福祉を害する他のすべての形態の搾取から児童を保護する。
第三十七条〔死刑・拷問等の禁止，自由を奪われた子どもの適正な取扱い〕
　締約国は，次のことを確保する。
　(a)　いかなる児童も，拷問又は他の残虐な，非人道的な若しくは品位を傷つける取扱い若しくは刑罰を受けないこと。死刑又は釈放の可能性がない終身刑は，十八歳未満の者が行った犯罪について科さないこと。
　(b)　いかなる児童も，不法に又は恣意的にその自由を奪われないこと。児童の逮捕，抑留又は拘禁は，法律に従って行うものとし，最後の解決手段として最も短い適当な期間のみ用いること。
　(c)　自由を奪われたすべての児童は，人道的に，人間の固有の尊厳を尊重して，かつ，その年齢の者の必要を考慮した方法で取り扱われること。特に，自由を奪われたすべての児童は，成人とは分離されないことがその最善の利益であると認められない限り成人とは分離されるものとし，例外的な事情がある場合を除くほか，通信及び訪問を通じてその家族との接触を維持する権利を有すること。
　(d)　自由を奪われたすべての児童は，弁護人その他適当な援助を行う者と速やかに接触する権利を有し，裁判所その他の権限のある，独立の，かつ，公平な当局においてその自由の剥奪の合法性を争い並びにこれについての決定を速やかに受ける権利を有すること。
第三十八条〔武力紛争における子どもの保護〕
1　締約国は，武力紛争において自国に適用される国際人道法の規定で児童に関係を有するものを尊重し及びこれらの規定の尊重を確保することを約束する。
2　締約国は，十五歳未満の者が敵対行為に直接参加しないことを確保するためのすべての実行可能な措置をとる。
3　締約国は，十五歳未満の者を自国の軍隊に採用することを差し控えるものとし，また，十五歳以上十八歳未満の者の中から採用するに当たっては，最年長者を優先させるよう努める。
4　締約国は，武力紛争において文民を保護するための国際人道法に基づく自国の義務に従い，武力紛争の影響を受ける児童の保護及び養護を確保するためのすべての実行可能な措置をとる。
第三十九条〔犠牲になった子どもの心身の回復と社会復帰〕
　締約国は，あらゆる形態の放置，搾取若しくは虐待，拷問若しくは他のあらゆる形態の残虐な，非人道的な若しくは品位を傷つける取扱い若しくは刑罰又は武力紛争による被害者である児童の身体的及び心理的な回復及び社会復帰を促進するためのすべての適当な措置をとる。このような回復及び復帰は，児童の健康，自尊心及び尊厳を育成する環境において行われる。

第四十条〔少年司法〕
1 締約国は，刑法を犯したと申し立てられ，訴追され又は認定されたすべての児童が尊厳及び価値についての当該児童の意識を促進させるような方法であって，当該児童が他の者の人権及び基本的自由を尊重することを強化し，かつ，当該児童の年齢を考慮し，更に，当該児童が社会に復帰し及び社会において建設的な役割を担うことがなるべく促進されることを配慮した方法により取り扱われる権利を認める。
2 このため，締約国は，国際文書の関連する規定を考慮して，特に次のことを確保する。
  (a) いかなる児童も，実行の時に国内法又は国際法により禁じられていなかった作為又は不作為を理由として刑法を犯したと申し立てられ，訴追され又は認定されないこと。
  (b) 刑法を犯したと申し立てられ又は訴追されたすべての児童は，少なくとも次の保障を受けること。
    (i) 法律に基づいて有罪とされるまでは無罪と推定されること。
    (ii) 速やかにかつ直接に，また，適当な場合には当該児童の父母又は法定保護者を通じてその罪を告げられること並びに防御の準備及び申立てにおいて弁護人その他適当な援助を行う者を持つこと。
    (iii) 事案が権限のある，独立の，かつ，公平な当局又は司法機関により法律に基づく公正な審理において，弁護人その他適当な援助を行う者の立会い及び，特に当該児童の年齢又は境遇を考慮して児童の最善の利益にならないと認められる場合を除くほか，当該児童の父母又は法定保護者の立会いの下に遅滞なく決定されること。
    (iv) 供述又は有罪の自白を強要されないこと。不利な証人を尋問し又はこれに対し尋問させること並びに対等の条件で自己のための証人の出席及びこれに対する尋問を求めること。
    (v) 刑法を犯したと認められた場合には，その認定及びその結果科せられた措置について，法律に基づき，上級の，権限のある，独立の，かつ，公平な当局又は司法機関によって再審理されること。
    (vi) 使用される言語を理解すること又は話すことができない場合には，無料で通訳の援助を受けること。
    (vii) 手続のすべての段階において当該児童の私生活が十分に尊重されること。
3 締約国は，刑法を犯したと申し立てられ，訴追され又は認定された児童に特別に適用される法律及び手続の制定並びに当局及び施設の設置を促進するよう努めるものとし，特に，次のことを行う。
  (a) その年齢未満の児童は刑法を犯す能力を有しないと推定される最低年齢を設定すること。
  (b) 適当なかつ望ましい場合には，人権及び法的保護が十分に尊重されていることを条件として，司法上の手続に訴えることなく当該児童を取り扱う措置をとること。
4 児童がその福祉に適合し，かつ，その事情及び犯罪の双方に応じた方法で取り扱われることを確保するため，保護，指導及び監督命令，カウンセリング，保護観察，里親委託，教育及び職業訓練計画，施設における養護に代わる他の措置等の種々の処置が利用し得るものとする。

第四十一条〔既存の権利の確保〕
　この条約のいかなる規定も，次のものに含まれる規定であって児童の権利の実現に一層貢献するものに影響を及ぼすものではない。
　(a)　締約国の法律
　(b)　締約国について効力を有する国際法

　　　第二部

第四十二条 〜 第四十五条 （省略）

　　　第三部

第四十六条 〜 第五十四条 （省略）

初出一覧

　本書の各章は，筆者の著になる下記の論稿を基本に，大幅に加筆，修正，削除などを行ったものである。

第一部　児童福祉の基本概念
【第1章】
- 櫻井慶一「現代社会と児童養護問題」櫻井慶一編『養護原理』北大路書房，2003年4月
- 櫻井慶一「現代社会と児童」今井章子編『社会福祉』三晃書房，1995年2月
- 櫻井慶一『第三版　初めての社会福祉』学文社，2004年9月

【第2章】
- 櫻井慶一「社会福祉の歴史」土井忠行編『社会福祉　Ⅰ，Ⅱ』三晃書房，1986年9月
- 櫻井慶一『第三版　初めての社会福祉』学文社，2004年9月
- 櫻井慶一「貧困問題と世界の子ども」遠藤久江他編『子どもの生活と福祉』（講座私たちの暮らしと社会福祉　第2巻）中央法規出版，1998年12月

【第3章】
- 櫻井慶一『第三版　初めての社会福祉』学文社，2004年9月

【第4章】
- 櫻井慶一『第三版　初めての社会福祉』学文社，2004年9月

第二部　児童福祉の今日的課題
【第5章】
- 櫻井慶一「地域における子育て支援」庄司洋子他編『児童家庭福祉』放送大学教育振興会，2003年3月

【第6章】
- 櫻井慶一「共働きと保育」庄司洋子他編『児童家庭福祉』放送大学教育振興会，2003年3月

【第7章】
本書，書き下ろし

【第8章】
- 櫻井慶一『第三版　初めての社会福祉』学文社，2004年9月

索 引

あ 行

アームズハウス　　10
ILO　　22
赤沢鍾美・ナカ夫妻　　16
アセスメント　　56
遊び型非行　　120
アタッチメント　　3
アルメーダ,L.　　15
安否確認　　101
「イエ」制度　　5
育児休業法　　19
育児相談　　76
育児疲れ　　66
育児リフレッシュ　　68
育成医療　　33
育成相談　　38
石井十次　　16
石井亮一　　16
いじめ　　113
　　──の三層構造　　115
委託措置　　39
一時障害　　115,119
一時保育制度　　66
一時保育事業　　74,76,88
一時保護　　38-40,102
逸脱行動　　119
5つの巨人　　14
1.57ショック　　20,62,83
意図的な感情表出　　57
インクルージョン　　111
運営費　　47,80
エイズ（HIV）　　24
叡尊　　15
NPO　　71,91

絵本の読み聞かせ　　69
M字型カーブ　　86
エリザベスI世　　11
エリザベス救貧法（旧救貧法）　　11
エンゼルプラン　　20,62,66,83,87
延長保育事業　　74,88
エンパワーメント　　7,8,113
おもちゃ図書館　　69
親子分離　　102

か 行

改正救貧法　　12
カウンセリング　　39,102
核家族の機能　　5
学習障害児　　109
学童保育　　69,78
囲いこみ運動　　11
家族の再統合　　100,102
片親家庭　　123
学校恐怖症　　116
学校嫌い　　116
葛藤解決　　59
家庭機能　　5
家庭裁判所への送致　　122
家庭児童相談室　　36,100
家庭相談員　　36,52
家庭的養護　　103
家庭養育　　103
感化院法　　16
間接援助　　8,54
関連援助技術　　54
規制緩和　　43,45,90
基礎的事項　　81
基本的人権の保障　　2
虐待通報　　40,101

虐待の発見　100
虐待防止ネットワーク　101
QOL　53
救護法　17
救済の4原則の覚え書　18
休日保育事業　74
救貧法　11
教育権　6
行基　15
居所指定権　6
ギルバート法　12
緊急保育対策等5か年事業　20,67,87
空海　15
グループホーム　103
グループワーク　54,55,57
訓戒　39,122
軽度障害　109
刑法犯少年　120
契約施設　43
ケーススタディ　56
ケースワーカー　40
ケースワーク　54,55
現金給付　31
健康診査　37
健康相談　37
現物給付　33
ケンペ,C.　95
健民健兵　18
高機能自閉症　109
合計特殊出生率　4
厚生事業　18
後発発展途上国　22
国際福祉　22
国民保険法　14
国連子ども特別総会　28
「心の教室」整備事業　118
孤児院　103
乞食取締令　11
子育て基盤の強化　64,65
子育てサークル　67,68,69,70
子育て支援サービス　33
子育て支援ネットワーク　100

子育ての地域化・共同化　64,65
子育ての不安感　63
子育ての負担感　63
子ども・子育て応援プラン　20,62,74,88
子どもの権利オンブズパーソン　115
子どもの権利条約　2,26,94
子どもの発見　26
コノプカ,G.　58
個別化　57,59
米騒動　16,81
子守学校　81
5領域　81

さ 行

在宅支援　101
在宅福祉サービス　33
最低賃金法　14
里親　39,103
里親委託　36,102,104,106
ザビエル,F.　15
参入規制　90
三位一体改革　77
COS運動　13
GHQ　18
支援的福祉　1
自己決定　57
自己実現　2,7
仕事と子育ての両立支援　87
次世代育成支援対策行動計画　76,77
次世代育成支援対策推進法　20,88
施設処遇の原則　53
施設入所措置　122
施設福祉サービス　33
施設養護　103
慈善活動　11
慈善事業家　16
慈善組織協会　13
肢体不自由児施設　40,43,113
しつけ　6,97
児童委員　39
児童家庭支援センター　43

児童館　43,69
児童虐待　19,94,95,97,103
児童虐待の防止等に関する法律（児童虐待防止法）　20,96,125
児童虐待防止協会　95
児童居宅介護等事業　33
児童憲章　26
児童健全育成　19,69
児童権利宣言　26
児童（子ども）家庭福祉　2
児童指導員　52
児童自立支援施設　40,43,122
児童相談所　36,38,97,100
指導措置　39
児童短期入所事業　33
児童中心主義　53
児童手当　31
児童手当三法　19
児童手当法　19
児童デイサービス事業　33
児童の遊びを指導する者　69
児童の健全育成　125
児童（子ども）の権利に関する条約　26
児童買春　22
児童福祉司　39,40,52,122
児童福祉施設　41
　　──最低基準　19,47,93
児童福祉の基本的役割　7
児童福祉法　2,18,26,120
児童扶養手当　31,125
児童扶養手当法　19
児童保護事業　19
児童遊園　43,69
児童養護施設　40,43,53,103,118,122
児童労働　22,23
司法体系　120
シーボーム報告　14
社会化　5
社会事業　17
社会治療　57
社会的養護　103

社会福祉士　51
社会福祉主事　36,39,52
社会福祉法　92
社会福祉法人　43
就園奨励費　31
修学資金　31
就学時健診　110
就学免除　109
就学猶予　109
就学率　109
就業（労働）率動向　85
重源　15
重症心身障害児　109
重症心身障害児施設　40,43,113
集団力学的関係　57
自由放任主義　12
収容施設　10
就労希望率　86
就労支援　83
就労支援機能の強化　64,65
恤救規則　16
出産育児一時金　31
出産手当金　31
主任児童委員　101
ジュネーブ宣言　26
受容　57
生涯教育　69
障害児相談事業　33
障害相談　38
小規模型指定施設　67
少子化社会対策基本法　20,74,88
少子化社会対策大綱　74,88
少子化対策　3,19,37,74
小舎制　104
情緒障害児短期治療施設　40,43,118
聖徳太子　15
少年院　122
少年犯罪　120
少年法　120
ショートステイ　74
初期介入　101
職員配置基準　47

助言指導　39
助産施設　36,43
自立活動　110
自立助長　7
新エンゼルプラン　20,87
親権　6,29,103
身上監護権　6
親族里親　107
身体障害者福祉法　18
身体的虐待　96
親鸞　15
心理治療　39
心理的虐待　96
心理判定員　40
スクールカウンセラー　119
スクールソーシャルワーカー　119
健やか親子21　37
ストリートチルドレン　23
生活型非行　120
生活資金　31
生活保護法　18
制限的状況の克服　59
成長・発達の権利　3
性的虐待　97
誓約措置　39
世界子どもサミット　28
世界人権宣言　26
絶対的扶養義務　6
セツルメント活動　13,57
全国保育士養成協議会　92
戦災孤児　18
専門里親　107
総合施設　45
ソーシャルワーカー　8
措置施設　41,43,79
措置費　47

た　行

第一種社会福祉事業　43
待機児童　86,88
　──の解消　90
第三者評価　49,92
大舎制　104
対人的な援助　31
第二種社会福祉事業　43
託児所　17,81
短期里親　107
男女雇用機会均等法　19
地域子育て支援　62,83
　──事業　74,76
　──センター　67,88
地域組織化事業　69
地域保健法　37
父親クラブ　69
知的障害児施設　40,43
知的障害児通園施設　40,43
知的障害者福祉司　36,39
チャルマーズ, T.　13
注意欠陥／多動性障害（ADHD）児　109
懲戒権　6
直接援助　8
直接援助技術　54
通常保育（事業）　74,88
通所施設　33,41
つどいの広場事業　74,76
DV（ドメスティック・バイオレンス）防止法　20,125
適応指導　116
　──教室　118
統合教育　111
登校拒否児　116
統制された情緒的関与　57
特殊学級　109
特殊教育諸学校　109
特定保育14事業　74,88
特別支援教育コーディネーター　111
特別児童扶養手当　31
特別児童扶養手当法　19
特別保育事業　66
徒弟奉公　11
留岡幸助　16
トラウマ（心的外傷後遺症）　102,115
トワイライトステイ事業　74

な 行

ナショナルミニマム　14,19
難民児童　24
難民問題　22
二次障害　115,119
日本国憲法第25条　18
乳児院　40,43
入所施設　33,41
入所措置　39
認可外保育施設　91
認証保育所　91
忍性　15
任用資格　51
ネグレクト　96
野口幽香　16
ノーマライズ化　53
ノーマライゼーション　14,111

は 行

配偶者暴力防止・被害者保護法　→
　DV防止法
バイスティック,F.P.　57
パーソンズ,T.　5
発展途上国　22,29,94
反抗型非行　120
バーナード,T.J.　13
母親クラブ　69
PPE問題　22
ひきこもり・不登校児童福祉対策モデル事業　118
被虐待児症候群　95
非行児童　119
非行相談　38,122
非審判的態度　57
ひとり親家庭　123
秘密保持　57
評価　59
病後児保育　74
ファミリーサポートセンター事業　74,76
ファミリーサポートセンターの会員　51

ブース,C.　13
福祉国家　14
福祉事務所　34
父子世帯　123
不登校児童　116
不登校児童宿泊等指導事業　119
フリースクール　118
不良行為少年　120
ふれあい心の友（メンタルフレンド）訪問援助事業　118
分校制度　110
分離保護　101
ベバリッジ,W.H.　14
ベバリッジ報告　14
ベビーシッター　67
ベビーホテル　66,82,91
ヘンリーⅧ世　11
保育所　43,78
　——の利用の仕組み　79
保育所機能の地域開放　66
保育所地域活動事業　69
保育所保育指針　81
保育単価　80
保育に欠ける　78
保育ニーズの多様化　83
保育料　80
放課後児童クラブ（事業）　69,74,78,83,88
放課後児童健全育成事業　69,78
方面委員　17
訪問教育　110
ホームヘルパー　51
保健指導　37
保健センター　100
保健相談　38
保護の怠慢，不適切　97
母子及び寡婦福祉法　2,125
母子加算　31
母子家庭　31
母子寡婦福祉貸付金制度　31,125
母子指導員　52
母子生活支援施設　36,43
母子保健推進員　37

母子保健法　37
ボランティア　69,76

ま 行

マルサス,T.H.　12
マルトリートメント　97
未熟児に対する訪問指導　37
民営化　90
民間移管　90
民間給与改善費　80
無拠出老齢年金法　14
メアリー・エレンの事件　95
盲学校　109
盲ろうあ児施設　40, 43

や 行

夜間保育事業　74
夜警国家　14
山室軍平　16
ユニセフ　20,23,28
養育医療　33,37

養育里親　107
養育責任　29
養育費の支払い義務　125
養護学校　109
幼稚園教育要領　81
養老戸令　15

ら 行

ラウントリー,S.　13
リッチモンド,M.　55
療育指導　37
療育の給付　33
利用契約施設　41
利用施設　43
利用者主権　92
ルソー,J.J.　26
劣等処遇原則　12
聾学校　109

わ 行

若者の自立支援　90

著者紹介

櫻井　慶一（さくらい　けいいち）
1975年　早稲田大学大学院文学研究科教育学専攻修士課程修了
1977年　日本社会事業学校修了
現　在　文教大学人間科学部教授
著　書　『EC諸国における児童ケア』（共訳書）学文社
　　　　『子どもと福祉臨床』（編著）北大路書房
　　　　『現代のエスプリ　ベビーホテル』（編著）至文堂
　　　　『児童家庭福祉』（共著）放送大学教育振興会
　　　　『第四版　初めての社会福祉』学文社
　　　　『第三者評価と保育園』新読書社
　　　　『保育制度改革の諸問題』新読書社

初めての児童福祉

2005年4月20日　第一版第一刷発行
2008年3月20日　第一版第三刷発行

著　者　櫻　井　慶　一　ⓒ
発行者　田　中　千津子
発行所　㈱　学　文　社
東京都目黒区下目黒3-6-1
郵便番号 153-0064　電話（03）3715-1501（代表）　振替00130-9-98842

乱丁・落丁本は，本社にてお取替致します。　　印刷　新灯印刷株式会社
定価は，カバー，売上カードに表示してあります。　〈検印省略〉

ISBN978-4-7620-1434-5